"Em *Feminilidade distorcida*, Jen Os[hman aborda algumas das] questões mais significativas e sensíveis [de nosso tempo com uma] combinação de integridade bem-informada, percepção bíblica e compaixão piedosa. Nestas páginas, você encontrará um apelo atraente para longe das falsas promessas do mundo e em direção ao que é real, verdadeiro e belo."

Nancy Guthrie, professora de Bíblia; autora, *Ainda Melhor que o Éden*

"Jen Oshman é uma voz clara e confiável de sabedoria em nossa época. Ela pensa de forma profunda e bíblica sobre as questões que nos bombardeiam — e nos ajuda a fazer o mesmo. Em *Feminilidade distorcida*, Jen recolhe a cortina para revelar as promessas vazias oferecidas por cinco ídolos de nossos dias. As palavras de Jen estão cheias de discernimento, compaixão e verdade. Se você está combatendo essas mentiras em sua própria alma ou acompanhando quem você ama, este livro irá expor como os ídolos não só nos decepcionam, mas realmente nos traem e prejudicam. Ela então nos lembra de que há, em última análise, apenas um que pode realmente satisfazer o anseio de nossas almas — Jesus, aquele em quem todos os tesouros de sabedoria e conhecimento são encontrados."

Courtney Doctor, Coordenadora de Iniciativas Femininas, The Gospel Coalition

"Este livro é provocativo de todas as maneiras certas. Jen Oshman quer garantir que as mulheres não se contentem com menos do que o bom e glorioso propósito de Deus para suas vidas. Jen encara algumas das questões mais urgentes de nossos dias, proclamando corajosamente a verdade bíblica enquanto transborda graça do evangelho que acalma o coração do pecador e quebra o orgulho do fariseu."

Trevin Wax, Vice-Presidente de Pesquisa e Desenvolvimento de Recursos, North American Mission Board

"Este é um livro importante e muito necessário. Com ousadia e sabedoria, Jen cuidadosamente revela as mentiras culturais prevalecentes sobre o que significa ser uma mulher e, de forma bela, aponta para a verdade de quem Deus nos criou para ser. *Feminilidade distorcida* atinge o raro equilíbrio entre graça e verdade, e eu recomendo a qualquer um que esteja cansado das promessas vazias desta era e esteja procurando por algo duradouro."

Vaneetha Rendall Risner, autora, *Walking Through Fire: A Memoir of Loss and Redemption*

"A voz de Jen é um arauto para os crentes, preparando-nos com a verdade bíblica para enfrentar as mensagens insatisfatórias do mundo e as mentiras prejudiciais de nosso inimigo. Ela anuncia uma mensagem melhor, cheia de vida abundante em Jesus Cristo. *Feminilidade distorcida* é uma leitura valiosa para todos em nossas igrejas, sejam homens ou mulheres, jovens ou velhos."

Tony Merida, Pastor Principal, Imago Dei Church, Raleigh, Carolina do Norte

"As mulheres são confrontadas com todos os tipos de ideias na cultura atual. É difícil saber o que é verdade e em qual verdade devemos acreditar. Jen Oshman disseca as ideias mais comuns que as mulheres enfrentam com cuidado, pesquisa e uma visão mais bela do plano de Deus para nós. Jen tem anos de experiência trabalhando no ministério do evangelho, como estudante da Palavra e como mãe de quatro filhas. Como mãe de filhos homens e alguém que ministra às mulheres, sou grata por seu trabalho! Este é um livro que pretendo dar às mulheres a quem ministro, e espero que você faça o mesmo."

Courtney Reissig, autora, *Teach Me to Feel* e *The Accidental Feminist*

Jen Oshman

Feminilidade distorcida

Confrontando cinco tendências culturais

Dados Internacionais de Catalogação na Publicação (CIP)
(eDOC BRASIL, Belo Horizonte/MG)

O82f   Oshman, Jen, 1978-.
       Feminilidade distorcida: confrontando cinco tendências culturais / Jen Oshman; tradução João Paulo Aragão da Guia Oliveira. – São José dos Campos, SP: Fiel, 2022.
       14 x 21 cm

       Título original: Cultural Counterfeits
       ISBN 978-65-5723-227-9

       1. Mulheres cristãs – Vida religiosa. 2. Mulheres – Aspectos religiosos – Cristianismo. 3. Cristianismo e cultura. I. Oliveira, João Paulo Aragão da Guia. II. Título.
       CDD 248.8

Elaborado por Maurício Amormino Júnior – CRB6/2422

FEMINILIDADE DISTORCIDA:
Confrontando cinco tendências culturais

Traduzido do original em inglês:
Cultural Counterfeits: Confronting 5 Empty Promises of Our Age and How We Were Made for So Much More
Copyright © 2022 por Jen Oshman

∎

Originalmente publicado em inglês por Crossway,
1300 Crescent Street
Wheaton, Illinois 60187, USA

Copyright © 2022 Editora Fiel
Primeira edição em português: 2023

Todos os direitos em língua portuguesa reservados por Editora Fiel da Missão Evangélica Literária

Proibida a reprodução deste livro por quaisquer meios sem a permissão escrita dos editores, salvo em breves citações, com indicação da fonte.

Os textos das referências bíblicas foram extraídos da versão Almeida Revista e Atualizada, 2ª ed. (Sociedade Bíblica do Brasil), salvo indicação específica.

∎

Editor-chefe: Tiago J. Santos Filho
Supervisor Editorial: Vinícius Musselman
Editor: Renata do Espírito Santo
Coordenação Editorial: Gisele Lemes
Tradução: João Paulo Aragão da Guia Oliveira
Revisão: Thatiane Julie A. Rodrigues
Diagramação: Rubner Durais
Capa: Rubner Durais
ISBN brochura: 978-65-5723-227-9
ISBN e-book: 978-65-5723-228-6

Caixa Postal 1601
CEP: 12230-971
São José dos Campos, SP
PABX: (12) 3919-9999
www.editorafiel.com.br

Para Rebekah, Zoe, Abby Grace e Hannah
Eu amo vocês mais do que é possível expressar com palavras.
Que vocês conheçam com alegria e esperança profundas o
"muito mais" para o qual foram criadas.
Sempre, sempre haverá lugar para vocês à minha mesa.

Sumário

Prefácio por Christine Hoover 11

Agradecimentos 13

Introdução 17

PARTE 1: VOCÊ ESTÁ AQUI 21

1. Acordando em um país distante 23
2. A revolução sexual encontra o movimento #MeToo 39
3. Uma lente atemporal para tendências mutáveis 61

PARTE 2: CONFRONTANDO AS PROMESSAS VAZIAS DE NOSSA ÉPOCA 77

4. Obcecadas: corpos, beleza e habilidade 79
5. Vendendo-se por sexo barato 105
6. O aborto não trouxe luz 129
7. Em alta: LGBTQIA+ 155
8. Quando o casamento e a maternidade se tornam ídolos 181

PARTE 3: FOMOS FEITAS PARA MUITO MAIS 201

9. É bom ser menina 203
10. Lar 219

Prefácio

Recentemente, uma jovem da minha igreja veio até mim depois de um culto de domingo pela manhã com consternação no rosto. Ela conhecera recentemente um homem cristão que morava em uma cidade diferente, e eles estavam se conhecendo principalmente por mensagens de texto. Ela estava animada com ele, com seu envolvimento na igreja local, com as possibilidades de namorar esse menino e onde isso poderia chegar.

De alguma forma, no entanto, o assunto da ética sexual surgiu em uma de suas conversas por mensagens. Ele explicou a ela por que pretendia fazer sexo antes do casamento e por que considerava isso uma prática honrada por Deus.

Embora eu apreciasse sua franqueza em um estágio tão inicial do relacionamento — muito antes do coração da minha amiga se apegar ao dele —, fiquei irada com a maneira como ele estava usando o nome de Deus e vinculando-o à sua própria agenda egoísta. Meu conselho veio rapidamente: "Não questione se seus padrões são muito altos. Se ele está disposto a negociar isso e distorcer a palavra de Deus de tal maneira, o que mais ele poderia estar disposto a negociar dentro do casamento? Ele disse a você quem ele é, e podemos agradecer a Deus por isso. Fuja."

Momentos depois, várias outras jovens solteiras se juntaram à nossa conversa. Já cientes da situação que sua amiga enfrentava, elas me pareciam ao mesmo tempo frustradas, mas não impressionadas. Curiosa, perguntei a elas se isso — "experimentar" a compatibilidade sexual antes de se comprometer com o casamento — era um tema comum que elas estavam ouvindo entre suas colegas. Elas assentiram e relataram decepção com o quanto as perfeitas e belas intenções de Deus na criação do sexo, do casamento e das próprias mulheres foram distorcidas e confundidas até mesmo entre o povo de Deus.

Durante o resto da semana, fiquei agitada com justa ira. Eu queria fazer ou dizer algo para transmitir a bela verdade a tantos quantos pudessem ouvir: os caminhos de Deus são os melhores caminhos! Seus caminhos não são apenas bons, eles são gloriosos além da nossa compreensão e para nossa alegria. Viver com falsificações é viver uma vida sem proveito e sem cor. Viver em falsificações não é, no fim das contas, viver, mas sim morrer.

Pouco depois, Jen Oshman colocou este livro em minhas mãos. Com falsificações já em minha mente, devorei suas palavras, agradecendo a Deus, não apenas por sua coragem, mas por sua sabedoria bíblica. Certamente, como diz Jen, nos encontramos em um país distante. Quase todas as arenas de nossas vidas foram impactadas, e às vezes é difícil discernir o que é verdade e o que não é. No entanto, não devemos esquecer que as ideias concorrentes não são concorrentes equivalentes. Existe a verdade e existem as muitas versões falsificadas dessa verdade.

Jen, neste livro, falou a bela verdade. Que a escutemos.

Christine Hoover
Autora; Podcaster, christinehoover.net e Professora Bíblica

Agradecimentos

Não há nada na minha vida — nenhuma esfera, nenhum empreendimento, nenhum projeto — que não seja um esforço de grupo. Sou uma mulher rica de apoio que não mereço. Seja em missões no exterior, plantando igrejas aqui em casa, ministrando a mulheres, escrevendo, criando meus filhos ou amando meu marido, posso apontar para uma equipe de pessoas que oram por mim, torcem por mim e levantam meus braços quando estou muito cansada para fazer por mim mesma. E isso é verdade para este livro também. Tem sido um esforço de grupo desde o início. Essas palavras de agradecimento parecem longe de ser suficientes para comunicar a gratidão que sinto por cada jogador da equipe.

Aos nossos apoiadores da *Pioneers International*: obrigada por seu apoio financeiro e de oração por mais de vinte anos. De uma forma muito prática, vocês tornaram este livro possível. Não é exagero dizer que não poderíamos servir em casa ou no exterior sem sua parceria sacrificial.

À minha igreja local, Redemption Parker: é uma das minhas maiores alegrias chamá-la de família. Obrigada por seu entusiasmo, por orarem, visitarem, suportarem minhas dúvidas e medos e valorizarem meu papel em nosso corpo local bem como na comunidade da igreja em geral. Seu apoio é vento nas minhas velas. Sou especialmente grata ao Senhor por nossos presbíteros extremamente solidários, os vivificantes estudos bíblicos das mulheres dos quais faço parte, e a Sandie, Steph, Molly, Christine e Amanda, por diligentemente cuidarem de mim enquanto escrevia e levarem todas as minhas necessidades e preocupações em oração. Lágrimas brotam, mesmo agora, quando eu considero o quão preciosa a RP é para mim.

Aos meus parceiros de ministério na Atos 29 e no TGC: muito obrigada aos inúmeros pastores, esposas de pastores e mulheres no ministério que expressaram encorajamento a mim. Nossa comunidade ministerial mais ampla tem sido um poço de força e inspiração. Ver como nos animamos nesta comunidade é uma grande alegria. Kellie e Sara, minhas irmãs A29 locais, obrigada por se lembrarem de mim com tanta frequência e sempre perguntarem como poderiam orar.

À minha excelente equipe de publicação: Andrew Wolgemuth, obrigada por responder incansavelmente às minhas perguntas e preocupações quase intermináveis. Sou grata por chamá-lo de amigo e irmão. Dave DeWit, acho que não há melhor defensor de mulheres escritoras por aí. Sou muito grata por suas palavras de apoio, *feedback* prático e desejo genuíno de ver meus esforços serem bem-sucedidos. Todd Augustine, obrigada por sua paciência quando eu queria fazer grandes mudanças, sua confiança neste trabalho final e por conduzir todo este projeto. Tara Davis, obrigada pelo seu coração para a edição. Você fez este livro melhor com suas habilidades e sua sensibilidade.

Às minhas amigas-editoras: Shar, Martha, Whitney, Lauren e MaKayla, obrigada por se envolverem tão profundamente neste trabalho comigo. Todas vocês passaram horas pensando

Agradecimentos

criticamente, compartilhando suas percepções, corrigindo meus pontos cegos e oferecendo livremente sua sabedoria. Não consigo descrever adequadamente o apoio e alívio que foi ter a parceria de vocês neste trabalho. Obrigada por sua entrega. Para Carrie, Meghan, Kim, Jen, Kristie, Rachel e outras amigas ao redor do mundo que oravam e me encorajavam com frequência, suas mensagens e *e-mails* eram sempre o empurrão de que eu precisava naquele mesmo dia. Muito obrigada.

Para minha família: Mãe, há muito de você aqui. Obrigada por incutir em mim um desejo profundo de ler, pensar e escrever. Mark, você é meu parceiro em todos os sentidos. Você deu tanto a este projeto. Como posso agradecer por suportar todos os altos e baixos deste trabalho? E você os suportou com alegria, firmeza e nada além de confiança em mim e no chamado de Deus e sua capacitação em minha vida. Eu amo você. Rebekah, Zoe, Abby Grace e Hannah, vocês foram uma fonte constante de imaginação e gravidade para mim enquanto eu escrevia. Obrigada por sustentarem inúmeras conversas sobre esses tópicos comigo. Vocês me ensinam muito. Amo vocês.

Finalmente, ao meu Pai no céu. Eu pequei contra o céu e contra ti. E, no entanto, o Senhor cuidou de mim enquanto eu ainda estava longe. O Senhor correu para mim, me abraçou com compaixão e me inundou com seu amor. Obrigada por me convidar para o seu banquete.

Introdução

Eu, como você, quero ser aceita. Quero a aprovação e aplausos dos outros. Odeio causar conflito ou ofender. Gosto quando outras pessoas gostam de mim.

Mas estes são dias de polarização, e a aceitação completa é difícil de encontrar. A maioria de nós — quer estejamos em uma sala de aula, uma sala de reuniões, um café ou *on-line* — mantém um perfil discreto e fica o mais quieta possível para não ser vista como arrogante ou rude. Queremos *ser* genuinamente humildes e gentis, e queremos ser *percebidas* como tais também.

Essa é a dificuldade deste livro. Estou bem ciente de que algumas partes dele ofenderão tanto a pessoa secular como a espiritual, a desestruturada e a cristã, o irmão mais novo e o mais maduro na fé. E eu não gosto disso. Não quero ofender.

Então, por que me dar ao trabalho de denunciar nossas falsificações culturais, afinal de contas? Por que criticar as promessas vazias de nossa época em vez de ficar quieta? Por que potencialmente ofender tanto aqueles que estão no mundo quanto os que estão na igreja?

Porque Jesus é o caminho, a verdade e a vida. Ninguém pode ser salvo, e ninguém pode prosperar, senão por ele. Ele é a nossa única esperança. E muitas de nós erroneamente colocamos nossa esperança nas falsificações de nossa época.

FEMINILIDADE DISTORCIDA

A aceitação que Jesus nos dá, nos seus termos, é infinita e eternamente mais valiosa do que a nossa aceitação uns dos outros.

O evangelho não é *apenas* que somos pecadores necessitados de um Salvador. O evangelho começa com um bom Criador que nos procura desde antes de cedermos ao pecado. Se você e eu queremos ficar bem, temos que *conhecê-lo*. Temos que conhecer e respeitar o caráter, o desígnio e os propósitos do nosso Criador e Salvador. Sem ele não temos nada; nada de substância, nada eterno, nada a que nos agarrarmos no caos e em nossa dor.

As falsificações da nossa época são um desvio do que o nosso bom Deus intentou, um embotamento das boas dádivas que ele nos oferece. Assim como Deus nos pede para amá-lo e amar os outros, fazemos isso direcionando a nós mesmas e os nossos entes queridos de volta para ele. Ele é a esperança para o nosso mundo em sofrimento.

Abraçar uma perspectiva de que Jesus é o único caminho é custoso, com certeza. Pode nos custar amizades, oportunidades profissionais e finanças. Mas, para usar as palavras do apóstolo Pedro: "Senhor, para quem iremos? Tu tens as palavras da vida eterna; e nós temos crido e conhecido que tu és o Santo de Deus" (Jo 6.68-69).

Só Jesus é o Santo de Deus, e só ele tem as palavras de vida eterna. Em que mais creríamos? Em quem mais confiaríamos? Quem mais ofereceríamos aos outros?

As palavras calorosas, verdadeiras e duras de Jesus têm atraído pessoas a ele mesmo por milênios, e isso não vai parar agora. Nosso Deus não está surtando. Ele não está ansioso. Ele não está preocupado em não ofender, porque para aqueles que têm ouvidos para ouvir, sua palavra fala vida. À medida que mudam os valores e o que é normal, permitido e celebrado no século XXI, as palavras de Jesus não mudam.

Ele é uma âncora na tempestade. Uma constante em um mar de mudanças. Um refúgio duradouro quando é difícil diferenciar o certo e o errado. E enquanto você e eu, que seguimos Jesus, evidenciamos a palavra da verdade, seremos como estrelas brilhando em um universo escuro (Fp 2.15).

Nossas casas e nossos corações oferecerão a esperança quando nossos vizinhos e entes queridos estiverem exaustos de tentar acompanhar os ídolos de nossa época. A estabilidade tenra dos seguidores de Cristo será uma luz aconchegante na noite escura. Nossas vidas, por mais contraculturais, embaraçosas e desajeitadas que sejam, apontarão para Jesus, que diz: "Vinde a mim, todos os que estais cansados e sobrecarregados, e eu vos aliviarei" (Mt 11.28).

Portanto, continue lendo e se apegue a Cristo, porque ser aceita por ele é o que mais importa. Continue lendo, porque você, como eu, acredita que ele veio para que possamos ser salvas através dele, somente. Jesus é o caminho. Ele é a verdade. Ele é a vida. Cristã, ao seguir Jesus, *você oferece vida*.

Parte 1
Você está aqui

Vivemos em um momento único, que nos foi entregue por uma linha do tempo específica na história. A Parte 1 deste livro explora como chegamos até aqui, concentrando-se especialmente nas ideias que conduziram à Revolução Sexual e vieram dela. À medida que procuramos entender onde estamos no mapa da história, também seremos lembradas da palavra de Deus, que é uma lente atemporal através da qual podemos ver tendências em mudança.

> O Deus que fez o mundo e tudo o que nele existe, sendo ele Senhor do céu e da terra, não habita em santuários feitos por mãos humanas. Nem é servido por mãos humanas, como se de alguma coisa precisasse; pois ele mesmo é quem a todos dá vida, respiração e tudo mais; de um só fez toda a raça humana para habitar sobre toda a face da terra, havendo fixado os tempos previamente estabelecidos e os limites da sua habitação; para buscarem a Deus se, porventura, tateando, o possam achar.
> (At 17.24–27)

Capítulo 1
Acordando em um país distante

Quando eu tinha quatro anos, fugi de casa. Enchi uma pequena mala da década de 1960 da minha mãe com todos os itens essenciais e anunciei "eu não gosto daqui" para meus pais, que estavam preparando o jantar na cozinha. Para minha surpresa, eles não foram atrás de mim. Então eu desci a rua e segui o pôr-do-sol.

Quando cheguei cerca de quatro casas abaixo — provavelmente até a casa do meu amigo Colin, que era a extensão da minha zona de conforto — comecei a tremer. Era uma noite fria no Colorado. Eu não tinha colocado um suéter na mala, então fiz o que toda criança de quatro anos nessa situação faz: voltei para casa. Minha mãe me recebeu com um sorriso. O jantar estava pronto, e me sentei com minha família para comer.

Sei que não estou sozinha nessa memória. Suspeito que você tenha feito isso também. Será que existe alguma criança americana que não teve um momento rebelde e pensou *"eu poderia me dar melhor por conta própria"*? A autonomia está em nosso DNA. Desde o nascimento, somos um povo pioneiro que enfrenta limites e suspeita que a grama é mais verde do outro lado de quase todas as cercas que vemos.

FEMINILIDADE DISTORCIDA

Nós fazemos isso naturalmente, no entanto. Considere nossos primeiros pais, Adão e Eva, no jardim do Éden. Deus criou o primeiro homem e a primeira mulher e os colocou no meio de sua boa criação. Havia peixes no mar, pássaros nos céus e gado sobre toda a terra. Havia plantas, árvores, mudas e todos os tipos de vegetação. O sol, a lua e as estrelas brilhavam. Era tudo muito bom. Deus abençoou Adão e Eva, disse-lhes para serem frutíferos e se multiplicarem, e instruiu-os a cultivar todas as coisas vivas que ele havia feito (Gn 1.28).

Eles tinham muita liberdade e apenas um limite: "De toda árvore do jardim comerás livremente, mas da árvore do conhecimento do bem e do mal não comerás; porque, no dia em que dela comeres, certamente morrerás" (Gn 2.16-17). A serpente astuta apareceu e questionou essa única limitação. "É assim que Deus disse? É certo que não morrereis", assegurou ela a Adão e Eva (veja Gn 3.2-4).

Convencidos de que o plano de Deus não era, de fato, o melhor, e de que sabiam, pelo menos um pouco mais, o que era melhor, Adão e Eva seguiram em frente e deram aquela mordida fatídica. Você conhece o resto da história. Deus os expulsou do jardim, e estamos a leste do Éden desde então (Gn 3.23-24).

Esse é o nosso jeito. Tem sido a nossa condição desde a primeira mordida. Em nosso estado caído, achamos que sabemos mais, que podemos fazer melhor. E assim continuamente nos propusemos a fazer nossa melhor vida acontecer aqui e agora.

A serpente não é muito criativa, mas é consistente. Milênios e gerações depois do jardim, ela continua perguntando a você e a mim: *"Deus realmente disse isso? Você certamente não* morrerá. *Vá em frente, experimente*". E, como eu aos quatro anos de idade, muitas vezes experimentamos. Partimos de casa, deixamos limites seguros e boas dádivas, e tentamos criar uma vida melhor com nossas próprias mãos e à nossa maneira.

Duas histórias em nossas cabeças

Eis como isso acontece no século XXI. Em seu *podcast The Living Temple*, o autor e pastor Mark Sayers diz que há duas histórias correndo na cabeça de todos nós.[1] As duas histórias são, em grande parte, subconscientes. Elas são a música de fundo sutil que nos move a fazer as escolhas que fazemos dia após dia.

A primeira história é transmitida em alto som através da cultura pop, redes sociais e todas as mídias. Proclama que você e eu somos o centro do universo. Somos indivíduos únicos, e podemos ser incríveis. Só precisamos criar nossa identidade. Ao fazer as escolhas certas com nossos guarda-roupas e fins de semana, e ao sair com as pessoas certas e fazer as coisas certas, podemos ser ilimitadamente felizes. O mundo oferece a você e a mim uma vida incrível; nós apenas temos que sair e fazer isso acontecer.

A segunda história é silenciosa. É mais como um sussurro lá no fundo de nosso cérebro, mas que se recusa a ser silenciado. Não vai embora. Está lá no silêncio, no meio da noite, quando a última novidade não satisfaz ou o relacionamento se rompe em vez de haver conexão. São o questionamento e o anseio quando

---

[1] Mark Sayers, "This Is for People Who Want to Go Deep", *podcast The Living Temple*, May 8, 2019 (disponível em: https://rebuilders.co/podcasts/the-living-temple-s1/ep1, acesso em 10 ago.2022).

as promessas exageradas da primeira história não satisfazem. O sussurro nos diz que fomos feitas para mais. Em voz baixa, insiste que temos uma identidade imutável e importante, uma espécie de lar real em algum lugar lá fora. Estamos ansiosas por isso, e sabemos que não está apenas em nossa imaginação. *Tem que haver mais nesta vida*, ele insiste.

Contudo, nós continuamente suprimimos essa segunda história — em grande parte porque a primeira história fala muito alto. É difícil contra-argumentar. Tudo, desde o Instagram até os filmes, anúncios de roupas, campanhas políticas, decisões da Suprema Corte, tudo declara que podemos ser quem quisermos ser.

Perseguir a segunda história levaria tempo e intencionalidade. Exigiria ir contra quase todas as tendências culturais. Significaria rejeitar a melodia da sociedade que diz que você pode ter sua melhor vida agora. Significaria acabar com os ataques de dopamina que recebemos ao comprar para o nosso melhor. Significaria acreditar que há uma verdade real lá fora que devemos descobrir, em vez de pensar que somos as criadoras de nossa própria verdade, aqui e agora.

Somos um povo propenso a comprar novos sapatos, novos parceiros, novas orientações e novas carreiras a cada mudança de estação. Raramente, ou nunca, questionamos a primeira história. É dada como tão certa que não nos perguntamos sobre o excesso de trabalho, ou as dívidas de consumo, ou a fluidez de gênero. Essas são todas as coisas que temos que fazer — pelo menos tentar ou experimentar — para ver se são o ajuste certo para finalmente nos fazer verdadeiramente felizes.

Acordando em um país distante

É uma história tão antiga quanto nós. É a serpente que continua dizendo: "*Se você realmente quer viver, tome as rédeas da coisa. Dê uma mordida aqui ou ali. Certamente não vai machucar você. Deus realmente disse isso? Sua vida pode ser melhor, apenas continue mordendo, continue provando*".

A geração *burnout*

Se formos honestas, porém, sabemos que nossa busca pela primeira história não está indo bem. A cacofonia cultural diz para continuar correndo mais — e como estamos tentando! Mas essa corrida não tem fim. Não há nenhuma satisfação real para se ter, porque não há nenhuma linha de chegada real. Sob pressão, continuamos buscando e esperando, mas estamos exaustas.

A exaustão experimentada está bem documentada. Chama-se esgotamento ou *burnout*. *Burnout* é mais do que estresse ou ansiedade. É uma desesperança que leva ao isolamento e desinteresse do trabalho ou da escola, de amigos e familiares. É um cansaço que não desiste e um cinismo que se instala. O *burnout* impede que as pessoas cumpram suas rotinas normais, que se sintam acomodadas em sua pele. O *burnout* não cede espaço para os estimulantes habituais.

Sociólogos e economistas vêm observando há anos que, enquanto o *burnout* acontece com todos nós, os *millennials*[2] são especialmente propensos a ele. A Organização Mundial da Saúde chegou a rotular o *burnout* dos *millennials* como uma

---

2 N.R.: Termo na Sociologia referente à geração nascida entre, aproximadamente, os anos de 1980 e 1995.

condição médica. E uma pesquisa psiquiátrica nacional diz que 96% dos *millennials* sentem isso diariamente.[3]

O psicanalista Josh Cohen fornece uma visão útil da condição. Ele diz: "A mensagem de que podemos trabalhar mais e ser melhores em tudo — até mesmo em descanso e relaxamento! — resulta em um estranho composto de exaustão e ansiedade, um estado permanente de insatisfação com quem somos e com o que temos. E isso nos faz sentir que somos servos e não mestres de nosso trabalho — e não apenas de nosso emprego assalariado, mas do trabalho interminável que empregamos para alcançar nosso chamado 'melhor eu'."[4]

A desconexão entre a primeira história e a segunda — a ideia de que podemos criar nosso melhor eu e a realidade de que não estamos chegando ao destino que tínhamos imaginado — nos esgotou e nos deixou ansiosos. As crises de identidade abundam, não apenas nos *millennials*, mas em todos nós no século XXI. Isso é *burnout*. Não apenas com trabalho, mas com diversão, com nossas identidades, relacionamentos, planos, sonhos e tudo mais.

Rótulos modernos, problemas antigos

Eis por que estamos esgotadas: estamos cometendo um erro enorme sobre a realidade. Essa segunda história, quieta e

---

[3] Jaimy Ford, "Why Do 96% of Millennials Experience Burnout?" *Bud to Boss* (disponível em: https://www.budtoboss.com/management/why-do-96-of-millennials-experience-burnout/, acesso em 10 ago.2022).

[4] Josh Cohen, "Millennial Burnout Is Real, but It Touches a Serious Nerve with Critics. Here's Why", *NBC News*, February 23, 2019 (disponível em: https://www.nbcnews.com/think/opinion/millennial-burnout-real-it-touches-serious-nerve-critics-here-s-ncna974506, acesso em 10 ago.2022).

irritante, é *verdadeira*. Mas estamos vivendo como se não fosse. Há realmente mais nesta vida, mas isso não pode ser encontrado por nossa própria conjuração, por nossa própria criação e gestão de identidade.

O *burnout* é um rótulo novo, mas não é uma condição nova. É uma nova visão do antigo problema da idolatria.

Quando você pensa em um ídolo, provavelmente pensa em algum tipo de estátua que se acredita ter poder. Você pode pensar em deusas da fertilidade no museu de história, ou deuses e deusas hindus cada vez mais populares aqui no Ocidente. E embora esses sejam certamente ídolos, a definição não para por aí. O autor e pastor Timothy Keller diz: "Um ídolo é qualquer coisa que você olhe e diga, no fundo de seu coração: 'Se eu tiver isso, sentirei que minha vida tem um sentido, e então saberei que tenho valor e estarei seguro e em posição de importância.'"[5]

Ídolos são falsificações. Idolatria é quando atribuímos significado ou poder a algo que não pode realmente suportar isso; quando esperamos que as coisas criadas e temporárias entreguem o que somente o único Deus verdadeiro pode. É tão antiga quanto Adão e Eva. Não são apenas os *millennials* que são tentados pelos ídolos; é qualquer um que viva e respire no século XXI. Ninguém de nenhuma idade está imune.

Criamos esses ídolos em nossos corações e lhes damos significado e poder que devem ser reservados apenas para Deus (Ez 14.3). Nós os divinizamos, tornando-os centrais para nossa vida, nosso valor, nossa identidade e nosso propósito.

---

[5] Timothy Keller, *Deuses falsos* (Rio de Janeiro: Thomas Nelson Brasil, 2010), p. 16.

FEMINILIDADE DISTORCIDA

Podemos fazer ídolos de parceiros, filhos, carreiras, política, dinheiro, sexo, poder, roupas, casas, férias, carros e sabe-se lá o que mais. Na verdade, o céu é o limite, porque, como escreveu João Calvino: "o pensamento humano é, por assim dizer, uma eterna fábrica de ídolos".[6]

Seu coração e o meu são fábricas de ídolos. Podemos fazer um ídolo de qualquer coisa.

Harmonia com a realidade

O teólogo Dallas Willard diz que a idolatria é:

> [...] um erro no nível da "cosmovisão". Ela surge da trágica necessidade dos seres humanos de ganharem controle sobre suas vidas. Essa necessidade é compreensível, é claro, e deve ser satisfeita de alguma forma. Mas a idolatria tenta atender à necessidade atribuindo poderes a um objeto da imaginação e do artifício humanos, poderes que esse objeto não possui de fato.[7]

Estamos sofrendo porque estamos vivendo fora da realidade, e "a realidade não se ajusta para acomodar nossas crenças falsas".[8] Simplesmente não é real — não é realista, não é a vida real — que qualquer coisa temporária como sexo, ou outro ser humano, ou qualquer item de consumo da Amazon possa

---

[6] João Calvino, *A instituição da religião cristã*, tomo 1 (São Paulo: UNESP, 2008), I.XI.8, p.101.
[7] Dallas Willard, *Knowing Christ Today: Why We Can Trust Spiritual Knowledge* (Nova Iorque: Harper Collins, 2009), p. 41.
[8] Willard, *Knowing Christ Today*, p. 39.

satisfazer nossos anseios, sonhos e desejos profundos. Esta é uma verdade antiga: o fruto no jardim do Éden prometeu demais e entregou muito pouco, e os ídolos nas nossas vidas também.

A realidade é teimosa assim. Não ficaremos bem se nos recusarmos a viver de acordo com o que é real. A serpente enganou Adão e Eva, e nos engana hoje também. Podemos fingir, inventar e esperar contra a esperança o dia todo. Mas sofremos quando nossas expectativas não estão fundamentadas no que é real.

O bem-estar humano requer harmonia com a realidade.

Sayers diz que atribuímos poder divino a coisas fugazes e frágeis para que possamos nos sentir seguros. Queremos controlar nossa vida e resultados, então usamos os ídolos da nossa era para alcançar os resultados que procuramos. Mas eles acabam nos controlando porque continuamos olhando para eles, fazendo ofertas a eles, colocando nossa esperança neles. Mas eles nunca correspondem de verdade. Eles nunca satisfazem totalmente.

E quando nossos ídolos não correspondem, quando eles desapontam, quando percebemos que fomos usadas em vez de usá-los; e se, em seu lugar, nos voltarmos para onde somos verdadeiramente amadas e estimadas incondicionalmente e além de nossa compreensão?

E se o *burnout* for um presente de Deus, chamando-nos para casa? Para ele. Para o amor de nosso Pai.

O filho pródigo

Jesus conta a história do filho pródigo em Lucas 15. Talvez você a conheça bem. Um homem tem dois filhos, e o filho mais novo pede sua parte da herança enquanto o pai ainda está vivo. O pai lhe dá, o filho reúne tudo o que tem e, em seguida, dirige-se para um país distante, onde ele "dissipou todos os seus bens, vivendo dissolutamente" (Lc 15.13). A fome atinge o lugar e ele se vê sem um tostão. Então ele é contratado por um homem no país estrangeiro, que lhe dá o trabalho de alimentar porcos em seus campos. O filho mais novo está tão falido e destituído que anseia comer a comida dos porcos, mas "ninguém lhe dava nada" (Lc 15.16).

Não somos diferentes desse filho, somos? Recebemos uma herança — tantas coisas boas de nosso Pai no céu — e ainda assim as ajuntamos e fugimos para um país distante. Buscamos os reinos deste mundo e sua glória. Deixando nosso Pai e nossa casa para trás, acreditamos que o universo gira em torno de nós e que podemos ser incríveis se juntarmos as experiências e identidades certas.

E como o filho pródigo, nos encontramos famintas, insatisfeitas, ansiosas por mais. Isso é *burnout*. Isso é o que a idolatria oferece.

A miséria do filho finalmente o faz cair em si mesmo (Lc 15.17). Ele chega ao fundo do poço. Ele para de buscar a primeira história. Ele conclui que até os servos de seu pai estão melhor do que ele. Ele se levanta, decide voltar para seu pai, admite seu pensamento e atitude errados, e procura, pelo menos, ganhar seu sustento como um servo contratado nas terras de seu pai.

A Bíblia nos diz que enquanto o filho ainda está longe, seu pai o vê e sente compaixão. Ele corre, abraça e beija seu filho (Lc 15.20). O filho sequer consegue terminar seu pedido de desculpas antes que o pai diga aos servos para vesti-lo, matar o bezerro gordo e preparar uma celebração pelo retorno do filho (Lc 15.22-23).

O filho descobre que a segunda história é realmente verdade. Ele realmente foi feito para mais do que uma vida dissoluta, mais do que alimentar porcos em uma terra estrangeira. Ele foi feito para receber a generosidade do amor e da provisão de seu pai. Ele foi feito para a festa em casa, para a celebração de sua volta ao lar.

Filhas pródigas

Em nossos dias, o país distante permanece, e é tão atraente para nós como era para o filho pródigo. Nós também juntamos nossas coisas e partimos, esperando nos descobrir em algum lugar lá fora. O mundo ocidental após a revolução sexual desfila ídolos atraentes e convincentes especialmente diante de mulheres e meninas.

Esses ídolos prometem empoderamento e liberdade, mas em vez disso entregam exploração e escravidão. *Você pode ser incrível*, dizem eles, *se apenas você se entregar a esta identidade, este modo de vida.*

Há muitos países distantes, muitos ídolos, é claro, mas alguns se mostraram ser os mais atraentes e destrutivos de nossa época. Há o ídolo da beleza exterior. Ele aplaude os jovens, os fortes e os visualmente agradáveis, mas despreza e distorce a verdadeira beleza humana. Depois há o ídolo do sexo. Convencidos de que o sexo é a nossa mais profunda necessidade e o nosso maior bem, experimentamos relacionamentos íntimos superficiais e efêmeros, mas nunca encontramos a verdadeira satisfação da alma. O ídolo do aborto está em conluio com essa forma de se relacionar, prometendo-nos controle, escolha e autodeterminação. E então, há o mais novo, mas tenaz, país distante dos LGBTQIA+, prometendo um lar para qualquer menina que tem conflitos sobre quem ela é e o que ela sente.

Essas falsificações culturais, ou países distantes, ou ídolos, parecem tão brilhantes, tão promissores, tão vivificantes. Elas foram muito bem-sucedidas em nos atrair. Mas nos infligiram muito dano. Estamos agora nos campos estrangeiros, com os porcos, tão famintas que comeríamos qualquer coisa.

Que possamos acordar. Que possamos nos levantar e ir embora. O Pai está observando e esperando até agora, pronto para nos dar compaixão, amor, perdão e uma festa que verdadeiramente satisfaz a alma.

Irmão mais velho, irmãs mais velhas

O filho pródigo tem um irmão mais velho, como você deve saber, e não podemos deixá-lo de fora. Quando ele percebe que seu irmão mais novo voltou e uma celebração está acontecendo, ele fica com raiva e se recusa a entrar (Lc 15.28). Seu pai sai ao seu encontro (assim como foi até o filho mais novo), e o filho mais velho protesta: "Há tantos anos que te sirvo sem jamais transgredir uma ordem tua, e nunca me deste um cabrito sequer para alegrar-me com os meus amigos; vindo, porém, esse teu filho, que desperdiçou os teus bens com meretrizes, tu mandaste matar para ele o novilho cevado" (Lc 15.29-30). O pai responde: "Meu filho, tu sempre estás comigo; tudo o que é meu é teu" (Lc 15.31).

Ambos os filhos buscavam a boa vida através da idolatria. Um é mais óbvio que o outro. A vida imprudente do irmão mais novo é mais chocante, aparentemente mais flagrante. Mas o irmão mais velho também caiu na idolatria. Ele depositou sua esperança e confiança em seu próprio bom comportamento. Ele dependia de suas escolhas certas para alcançar a boa vida.

Esse ídolo causa estragos, mesmo agora, em nossos círculos cristãos. Talvez em um esforço para contrariar nossa era tão bruta, ou talvez porque somos humanos pecadores e inevitavelmente atraídos por libertinagem ou por legalismo, criamos o ídolo da pureza, do casamento e da maternidade. Inconscientemente, exaltamos essas boas dádivas acima do doador. Essas boas dádivas, no entanto, não são menos idólatras se olharmos para elas e dissermos: "Se eu tiver isso, sentirei que minha vida tem um sentido, e então saberei que tenho valor e estarei seguro e em posição de importância"[9]. Vemo-nos no irmão mais novo e no irmão mais velho. Os irmãos nesta parábola são muito familiares, muito identificáveis.

Há ótimas notícias; mas primeiro, as más

Aqui está a ótima notícia que mal posso esperar para chegarmos depois de buscarmos a compreensão de nossa própria era e de nossos ídolos: em ambos os casos, o pai vai até os dois filhos, derrama amor e perdão, e os convida a festejar com ele. Quer você esteja definhando e morrendo de fome em um país distante ou mergulhado em seu próprio moralismo (e não menos insatisfeita), o Pai está observando e esperando. Quando caímos em nós mesmas, Deus está pronto para correr, nos abraçar e nos convidar para a festa que ele preparou para você e para mim.

---

[9] Keller, *Deuses falsos*, p. 16.

FEMINILIDADE DISTORCIDA

Que tenhamos a fé de uma criança — a minha fé aos quatro anos — que sabia que poderia voltar atrás e retornar para casa. Que a misericórdia, a paz e a bondade de nosso Deus sejam o pano de fundo de cada palavra que você lerá nas páginas seguintes.

No capítulo 2, veremos como chegamos aqui. O mundo ocidental pós-revolução sexual é um campo de batalha para mulheres e meninas. Precisamos saber que uma história específica nos trouxe a este momento. No capítulo 3, veremos como a Bíblia é um mapa atemporal e confiável para a nossa época. Isso é realmente uma boa notícia para mulheres e meninas, pois ela nos aponta para o que é verdade, o que é real e eterno, para que possamos viver em harmonia com a realidade e nosso Deus. Ele é por nós.

A Parte 2 desvendará as falsificações mais atraentes e sinistras da nossa época: beleza e habilidade externas, sexo barato, aborto, o espectro LGBTQIA+ e uma visão distorcida do casamento e da maternidade. Com observações e muita pesquisa sociológica, você e eu veremos como elas prometeram demais e entregaram muito pouco. Vamos olhar além de suas fachadas arrogantes e ver a verdadeira destruição por baixo.

Finalmente, depois de encarar esses ídolos de frente na parte 2, a parte 3 nos reorientará para o quão bom, soberano e gentil é nosso Deus. A parte 3 foi pensada como uma conclusão para nos induzir à adoração e nos dar alegria. Minha esperança é erguer nossos olhos do que pode ser uma paisagem cultural desencorajadora e olhar para a bondade de Deus. No capítulo 9, veremos dez razões pelas quais a Bíblia nos mostra que é bom ser menina, e no capítulo 10 seremos dominadas pelo amor e misericórdia de Deus e pela festa que ele está preparando para você e para mim.

No final deste livro, eu oro para que seu coração e olhos estejam fixos em Jesus, que — como um irmão mais velho mais verdadeiro, melhor e supremo em nossa história — abre um caminho para você, para mim e para todas as mulheres e meninas voltarmos para casa. Pelo seu sangue podemos nos reconciliar com o Pai. Não importa o que tenhamos feito, ele não tem medo de nos chamar irmãos e irmãs (Hb 2.11).

Uma palavra de cautela antes de continuarmos. O conteúdo deste livro por vezes será especialmente difícil de ler se você tiver pessoalmente sofrido traumas nas mãos de qualquer um desses ídolos. Pode haver pesquisas ou observações que ativem gatilhos em você. Considere ler este livro com uma amiga ou um grupo de mulheres confiáveis para ajudá-la a buscar a cura e a completude enquanto enfrenta essas promessas vazias de frente. Encontre amigas que amam Jesus, aconselhamento cristão, grupos de apoio e outros meios de cura. Você não está sozinha, e o desejo de Deus é que você ande em completa liberdade.

Minha esperança é que estejamos bem, que encontremos vida. Estivemos muito doentes por tanto tempo, nos entregando às promessas vazias de nossa época. Fomos enganadas e acreditamos nessas promessas. Mas Deus nos fez para muito mais. Se o bem-estar humano requer harmonia com a realidade, então devemos olhar para o que é real, o que é verdade, o que é genuinamente bom e bonito, para que possamos estar bem, para que possamos realmente viver.

FEMINILIDADE DISTORCIDA

Questões para discussão

1. Você já fugiu quando criança, como eu fugi quando tinha 4 anos? Compartilhe a história com as outras pessoas do seu grupo.
2. Você consegue se identificar com as duas histórias que estão correndo em nossa cabeça? A primeira história diz que você pode ser incrível, você só tem que fazer isso acontecer. A segunda história sussurra que deve haver mais nesta vida. Dê um exemplo de como você tenta tornar sua vida incrível — onde você procura criar sua própria identidade. E dê um exemplo de um momento em que você suspeitou que foi feita para muito mais.
3. Tim Keller diz: "Um ídolo é qualquer coisa que você olhe e diga, no fundo de seu coração: 'Se eu tiver isso, sentirei que minha vida tem um sentido, e então saberei que tenho valor e estarei seguro e em posição de importância.'" Quais ídolos são especialmente atraentes para você em seu ambiente?
4. Leia a parábola do filho pródigo em Lucas 15.11-32. Com qual irmão você se identifica imediatamente?
5. Seguir e oferecer as palavras de Jesus em nosso mundo anima ou assusta você? Por quê?
6. Encerre orando para que o Senhor revele seu coração misericordioso e amoroso para você nos próximos capítulos e semanas enquanto você lê este livro. Ore para que Deus a ajude a amar sua palavra e sua verdade, para que você possa brilhar como as estrelas no universo, preservando a palavra da vida (Fp 2.15-16).

Capítulo 2
A revolução sexual encontra o movimento #MeToo

Capas vermelhas e chapéus brancos voltaram. O visual da era puritana é agora uma manifestação pública convencional sobre os direitos das mulheres. Quando vemos mulheres usando capas e chapéus e em grupos na rua ou no Congresso, sabemos por que elas estão nas ruas. Elas estão vestindo o traje de *O conto da aia*, uma adaptação televisiva do romance homônimo de Margaret Atwood, e elas apareceram para, entre outras coisas, apoiar a *Planned Parenthood*[1], denunciar políticas ou políticos sexistas ou gritar #MeToo.

A versão televisiva de *O conto de aia* varreu os Emmys e ganhou um par de Globos de Ouro na sua primeira temporada. A trama transmite um futuro distópico nos Estados Unidos em que um governo teocrático impõe uma caracterização doentia de um regime cristão fundamentalista ao povo. Para aumentar a população do país, as mulheres férteis são escravizadas — transformadas em aias — para ter filhos. O programa tem "conotações decididamente bíblicas"[2] e, obviamente, ressoa em uma parcela significativa do público americano.

---

1 N.T.: Organização americana conhecida por ser a maior provedora de abortos nos Estados Unidos.
2 Brett McCracken, "Hollywood Is as God-Haunted as Ever", *The Gospel Coalition*, October 7, 2017 (disponível em: https://www.thegospelcoalition.org/article/hollywood-is-as-god-haunted-as-ever/, acesso em 13 ago.2022).

FEMINILIDADE DISTORCIDA

A mensagem das aias é clara: quando a teologia e o governo se misturam, as mulheres são literal ou figurativamente escravizadas e exploradas. O cristianismo, elas proclamam, é ruim para as mulheres.

Mesmo que a visão dos trajes seja impactante, as visões das aias não são extremas no contexto atual. Essa narrativa está na nossa água. Lembro-me, quando adolescente, de zombar de um parente homem (pelas costas) que se juntou a um grupo de homens cristãos que apoiava seu papel como marido e pai. Parecia ridículo para mim que um grupo cristão acreditasse que poderia ajudá-lo a tratar melhor sua esposa. Os grupos cristãos não faziam o oposto? Eu até era cristã na época, mas, de alguma forma, a ideia de que o cristianismo denigre as mulheres estava seguramente alojada em minha mente. Mesmo agora, recebo regularmente perguntas de mulheres cristãs que se questionam silenciosamente se essa ideia é um tipo de segredo obscuro. O cristianismo quer nos manter rebaixadas?

O caminho que as mulheres no Ocidente devem seguir é se afastar mais do cristianismo? Devemos nos juntar às nossas irmãs americanas em capas vermelhas e chapéus brancos com o objetivo de deixar nossa fé de lado e nos defender?

O abismo de gênero no cristianismo

A noção de que os líderes cristãos sempre foram homens brancos ricos e que usaram sua fé e posição para manter as mulheres rebaixadas é amplamente presumida e quase inquestionável no Ocidente. Os *best-sellers* mundiais como O código DaVinci reforçam nossa suspeita de que o cristianismo tem uma origem secreta na qual os homens compuseram a Bíblia de forma a silenciar as vozes femininas e livrar a igreja da influência das mulheres. Não importa que tais livros e narrativas não tenham uma base histórica. As conspirações são muito sedutoras e capturaram a imaginação de muitos.

Mas aqui está o que é realmente, surpreendentemente verdade: nos Estados Unidos, no Ocidente e em todo o mundo, há mais mulheres cristãs do que homens.[3] *O cristianismo é predominantemente feminino.* E sempre foi assim.

A vida, a morte e a ressurreição de Jesus Cristo iniciaram uma agitação cultural que se tornou uma revolução no mundo greco-romano. No cenário fixado em poder do primeiro século, Jesus entrou em cena prometendo bênção, céu e herança aos pobres, aos que choram e aos mansos. Em uma cultura saturada de violência, Jesus chamou os seus seguidores a amar a Deus, a amar os outros e a amar até os seus inimigos.

Esse cuidado com a humanidade, essa elevação do outro, diferenciou os primeiros cristãos dos seus contemporâneos pagãos. Enquanto os deuses pagãos exigiam pagamento e sacrifício, mas não prometiam nada em troca, o Deus cristão — na pessoa de Jesus — tornou seu amor pelos humanos inconfundível e pediu-lhes que fossem e fizessem o mesmo. Crendo que o céu os espera e a eternidade importa,

---

[3] "The Gender Gap in Religion around the World", Pew Research Center, March 3, 2016 (disponível em: https://www.pewresearch.org/religion/2016/03/22/the-gender-gap-in-religion-around-the-world/, acesso em 16 ago.2022).

FEMINILIDADE DISTORCIDA

os primeiros cristãos foram encorajados a cuidar dos doentes durante as epidemias, acolher o estrangeiro e os rejeitados, alimentar os pobres e confortar os aflitos.

E ninguém sentiu isso mais do que as mulheres, "porque dentro da subcultura cristã, as mulheres gozavam de um *status* muito mais alto do que as mulheres no mundo greco-romano em geral".[4] Nos primeiros séculos em Roma, o infanticídio feminino era amplamente praticado (descartavam meninas em montes de lixo em detrimento de meninos), as famílias frequentemente davam suas filhas em casamento antes da puberdade, as meninas não tinham opinião sobre com quem se casariam, e a consumação era esperada — e uma vez casadas, a fidelidade era exigida das esposas, enquanto os maridos eram incentivados a buscar sexo extraconjugal com prostitutas e prostitutos.[5]

O cristianismo contrastava fortemente, elevando o casamento, as famílias e a procriação. As famílias cristãs permitiam que suas filhas opinassem sobre com quem se casariam, e se casavam muito mais velhas. No cristianismo, mulheres e meninas gozavam de proteção contra divórcio, incesto, infidelidade, poligamia, casamento infantil, aborto, infanticídio e maus-tratos nas mãos de seus maridos. Não só isso, mas as mulheres cristãs eram respeitadas na igreja, bem-vindas para servir em várias funções e colaborar no ministério.[6] Seguindo os passos

---

[4] Rodney Stark, *The Rise of Christianity: A Sociologist Reconsiders History* (Princeton: Princeton University Press, 1996), p. 95.
[5] Stark, *The Rise of Christianity*, p. 105, 117.
[6] Stark, *The Rise of Christianity*, p. 105, 109.

de Jesus, que ofereceu sua vida em favor dos outros, os primeiros cristãos se entregaram a cuidar dos fracos, incluindo bebês, mulheres e todos os marginalizados.

Tudo isso não quer dizer que a expressão da igreja cristã tenha sido impecável ao longo da história. Líderes de igrejas saudáveis reconhecem as deficiências da igreja e a realidade de que o cristianismo tem sido usado erroneamente para fins misóginos em certos momentos. No entanto, a verdadeira expressão da fé cristã é clara e corretamente vista nesses exemplos da igreja primitiva. A abnegação, o serviço e a elevação das mulheres marcavam a verdadeira doutrina e prática cristã no primeiro século, e ainda hoje no século XXI.

Esta é uma das principais razões pelas quais o cristianismo é predominantemente feminino: as mulheres são estimadas, protegidas e elevadas além dos padrões seculares. Quando isso não acontece, há um desvio da verdadeira fé.

A *imago Dei*

O sociólogo e historiador Rodney Stark diz que o que o cristianismo deu aos seus primeiros convertidos foi a sua humanidade.[7] A elevação da vida humana era uma luz brilhante em um ambiente escuro. Isso deriva da doutrina judaico-cristã da *imago Dei*, a imagem de Deus, que os cristãos ainda acreditam ser intrínseca em cada ser humano.

As páginas iniciais da Bíblia dizem: "Criou Deus, pois, o homem à sua imagem, à imagem de Deus o criou; homem e

---

[7] Stark, *The Rise of Christianity*, p. 215.

mulher os criou" (Gn 1.27). Imediatamente, no primeiro capítulo das Escrituras, vemos no que a igreja cristã acreditava, assim como gerações de judeus: existe um Deus e ele nos criou. Não apenas isso, mas ele nos fez à sua imagem, *imago Dei*, e ele nos fez homem e mulher.

Durante milênios, houve um consenso histórico em toda a civilização ocidental de que nossas vidas não são acidentes ou sem intenção. Desde muito tempo, acreditamos que somos feitos de uma maneira específica e para um propósito específico. Até muito recentemente, a crença em Deus era presumida, respeitada e incontestada. Hoje, porém, nós ocidentais rejeitamos cada vez mais a ideia de um *design* e de um *Designer*.

Eles não sabem disso, mas essa rejeição de um autor divino que tem autoridade é a raiz oculta do protesto das aias em capas vermelhas e chapéus brancos. De fato, protestar contra os maus-tratos às mulheres é um esforço digno, pois as mulheres sofrem danos reais em muitos lugares de nossa sociedade. Este livro é em si mesmo um protesto, uma declaração de que nem tudo está bem e as mulheres merecem algo melhor. Mas o que as manifestantes não entendem é que foi o distanciamento de toda a nossa sociedade de Deus que nos levou a desvalorizar a *imago Dei* nas mulheres e uns nos outros. As manifestantes sentem a desvalorização, mas não sabem de onde vem. Elas não sabem a fonte do nosso valor, em primeiro lugar. Minha esperança é que nas páginas à frente possamos encontrar nosso caminho de volta àquela fonte fixa e inabalável — o Deus que nos fez e nos dignifica.

Feminismo de primeira onda

Embora as aias sejam a forma mais recente em uma longa linhagem de mulheres que marcharam pela igualdade, seria um erro pensar que elas têm muito em comum com as primeiras mulheres que marcharam. Na verdade, elas veem o mundo de forma muito diferente das primeiras feministas.

Há uma ampla gama de sentimentos sobre o feminismo entre as mulheres cristãs hoje, e por uma boa razão. O feminismo tem uma história mista e sombria. Então, vou começar afirmando minha posição: a gênese do feminismo foi boa e até piedosa, mas o movimento tomou um rumo errado na década de 1960 e, desde então, tem sido prejudicial, até mesmo mortal, para mulheres e meninas.

O feminismo de primeira onda foi, em parte, um movimento cristão ousado que começou com, entre todas as coisas, a Proibição. A partir de meados dos anos 1800, com o aumento da industrialização, longas horas nas fábricas, condições de trabalho desumanas e o aumento dos pobres nas cidades, os homens se voltaram fortemente para o álcool em busca de alívio. Uma variedade de organizações se formou em resposta, incluindo a *Women's Christian Temperance Union* [União de temperança cristã feminina], enquanto as mulheres procuravam proteger umas às outras e seus filhos da embriaguez que varria o país.

O historiador e autor Daniel Okrent diz: "Os homens iam à taberna, bebiam o dinheiro da hipoteca, bebiam tanto que não podiam ir trabalhar no dia seguinte, batiam nas

FEMINILIDADE DISTORCIDA

esposas, abusavam dos filhos. Foi isso que lançou o início do movimento de temperança."[8] Mulheres que ainda não tinham permissão para votar ou possuir propriedades, e tinham poucas opções para proteger a si e seus filhos, se levantaram contra essa injustiça. Buscaram o direito de voto em um esforço para proteger os marginalizados.

As feministas de primeira onda evidenciam a verdade bíblica insistindo que mulheres e crianças são criadas à imagem de Deus, *imago Dei*, e dignas de proteção. Com justiça, elas marcharam para votar, para possuir propriedades e proteger o dinheiro que ganhavam, para exercer seus dons e habilidades em uma sociedade mais ampla. Entre elas, estavam abolicionistas da escravidão também, insistindo na *imago Dei* nos afro-americanos. Essas ativistas corretamente proclamaram a visão cristã de que mulheres, crianças e negros são criados por Deus para bons propósitos, e a sociedade como um todo se beneficia quando todos são convidados à mesa.

Quando a privacidade sexual se tornou a primazia sexual

Embora grande parte da gênese do feminismo fosse boa e piedosa, tudo saiu tragicamente errado na década de 1960. Como tantas ideologias no mundo ocidental, ele estava enraizado na verdade bíblica, mas depois abandonou essa verdade. Enquanto o feminismo de primeira onda estava ligado à

---

[8] Olivia B. Waxman, "The Surprisingly Complex Link between Prohibition and Women's Rights", *Time*, January 18, 2019 (disponível em: https://time.com/5501680/prohibition-history-feminism-suffrage-metoo/, acesso em 17 ago.2022).

teologia da *imago Dei*, o feminismo de segunda onda se juntou à contracultura dos anos 1960 e prometeu autorrealização no amor livre e no afastamento da tradição, incluindo — ou especialmente — qualquer coisa cristã. Tudo, desde gêneros convencionais, relacionamentos, ideias, papéis e famílias, foi não só questionado, mas visto como opressivo, atrasado e, até mesmo, como invenção de homens poderosos para manter as mulheres vulneráveis no seu lugar.

A libertação das mulheres na vida cívica, na força de trabalho e na academia foi equiparada à libertação das mulheres no sexo e nos relacionamentos também. Os papéis limitados na sociedade foram equiparados a papéis limitados na sexualidade: ambos opressivos. Foi então que as feministas de segunda onda decretaram que os gêneros deveriam ser *idênticos* para serem iguais. Igualdade foi definida como *uniformidade*. Esse é o caminho errado que torna o feminismo moderno mortal, o qual exploraremos mais detalhadamente na parte 2.

O pensamento reinante nas décadas de 1960 e 1970 era: se os homens podem ter carreiras, então as mulheres também podem; e se os homens podem fazer sexo sem gestar bebês, então as mulheres também podem. Foi dada preferência a evitar ou interromper a gravidez, em vez de esperá-la e celebrá-la.

O corpo masculino tornou-se a norma para o corpo feminino.

A Suprema Corte americana se juntou à revolução no caso *Griswold x Connecticut* em 1965, citando um *direito à privacidade sexual* na Constituição, que não se pode imaginar que tenha sido realmente pretendido pelos Pais Fundadores americanos. O caso concedeu às americanas casadas acesso ao controle de natalidade — o que no século XXI parece blasé, mas é realmente revolucionário por si só. O advento do controle de natalidade significava que o sexo não era mais para procriação, e logo significaria que não era mais apenas para homens e mulheres casados. O controle de natalidade abriu enormes comportas, que veremos mais nos próximos capítulos.

Parece inacreditável agora, mas, até essa decisão, o sexo não era privado. Estavam em vigor leis que reforçavam as convicções milenares de que o sexo deveria se limitar a um compromisso vitalício entre um homem e uma mulher, porque o sexo produz filhos, e filhos merecem a paz e a proteção de uma família estável. Os legisladores acreditavam que as crianças mereciam conhecer e receber o amor e os cuidados de ambos os pais durante toda a infância, de modo que coisas como adultério e coabitação eram ilegais. O objetivo não era reprimir os adultos, mas proteger as crianças.

Emprestando capital do cristianismo do primeiro século, a ética sexual até a Revolução Sexual estava preocupada principalmente com a procriação e os filhos. A decisão *Griswold* de 1965 estabeleceu um precedente para a busca de privacidade sexual em casos futuros: em *Eisenstadt x Baird* (1972), o acesso ao controle de natalidade foi concedido a casais solteiros; em *Roe x Wade* (1973), o aborto foi legalizado em todo o país; em *Carey x Population Services International* (1977), o acesso ao controle de natalidade foi concedido a jovens; em *Lawrence x Texas* (2003), a homossexualidade foi legalizada; e em

Obergefell x Hodges (2015), o casamento entre pessoas do mesmo sexo foi consagrado em lei.

Na Revolução Sexual, o sexo tornou-se central, primário. A ética sexual mudou de proteger (ou pelo menos tentar) a *imago Dei* e, especialmente, os vulneráveis, para "fazer o que achar bom e obter o que puder". Autorrealização através do sexo. Prazer pessoal acima da proteção dos outros.

Nossas irmãs de capas vermelhas e chapéus brancos marcham precisamente porque essa elevação da autonomia individual sobre o bem comum foi prejudicial.

A grande dispersão

Desde a década de 1960 também tem ocorrido a Grande Dispersão. Termo cunhado pela socióloga Mary Eberstadt, a Grande Dispersão é simplesmente a separação da família. Eberstadt diz que nos dispersamos por causa das "mudanças sociais generalizadas que se seguiram ao choque tecnológico da pílula anticoncepcional, a desestigmatização do sexo não conjugal em todas as suas variedades e um aumento acentuado de comportamentos como aborto, lares sem pai, rompimento familiar, encolhimento da família e outros fenômenos que se tornaram comuns no mundo desde a década de 1960".[9]

A maioria dos ocidentais acha que essas enormes mudanças no modo como vivemos são positivas. Na busca do eu, pensamos que a crescente emancipação de tudo significa liberdade sem fim. E nós amamos a liberdade.

---

9 Mary Eberstadt, *Primal Screams: How the Sexual Revolution Created Identity Politics* (West Conshohocken, PA: Templeton Press, 2019), p. 9.

FEMINILIDADE DISTORCIDA

O consentimento é agora nosso único limite, nossa única lei, porque o eu autônomo tem prioridade sobre o bem comum. O único obstáculo à nossa liberdade individual, pelo menos por enquanto, é o consentimento do outro, se outro estiver envolvido. O consentimento, no entanto, é frágil e subjetivo, e muitas vezes vemos como ele nem sempre se sustenta sob as necessidades de quem dá e de quem recebe.

As coisas mudaram radicalmente em pouquíssimo tempo. Durante milênios, no Ocidente, buscamos o bem comum, o que é melhor para as crianças, como manter as famílias unidas, como proteger a *imago Dei* uns dos outros, em parte por virtude e em parte pela natureza necessariamente comunitária da vida pré-moderna. Não fazíamos isso perfeitamente, mas havia uma virtude tácita pelo menos. Desfrutávamos de força, segurança e estabilidade a partir de estruturas sociais fortes e centrais.

Mas, apenas nesta geração, jogamos tudo isso fora pensando que *o eu é melhor*. O que é louco e chocante, no entanto, é que inadvertidamente nos prejudicamos grandemente no processo.

As meninas perderam muito

A dissolução de nossas famílias tem sido excepcionalmente horrível para as meninas. Ela distorceu nossa visão do gênero oposto e prejudicou a maneira como nos vemos.

À medida que nossas famílias se dispersaram, deixamos de ver nossos pais e mães interagirem, se amarem, se machucarem e se perdoarem. Perdemos o testemunho firme de compromisso e humildade. Perdemos ter um pai em casa para nos ensinar como é ser respeitada por um homem que realmente se importa. Perdemos irmãos, primos e vizinhanças em que meninos e meninas ficam irritados uns com os outros, mas descobrem como ter amizade com o sexo oposto. Perdemos irmãos protetores e outros meninos que não nos sexualizam, mas se relacionam conosco de maneiras saudáveis.

O problema das revoluções é que elas mudam tudo. E a Revolução Sexual sexualizou tudo. Ela trouxe o sexo para a frente e para o centro, rotulou-o como nosso maior desejo, nosso maior bem, a melhor maneira de se realizar.

Então, em vez de se esforçarem e fazerem o casamento funcionar, maridos e esposas deixam um ao outro e buscam gratificação em outro lugar. Em vez de buscar relacionamentos vitalícios e emocionalmente íntimos, buscamos sexo sem apego. Em vez de nos vermos uns aos outros como inteiramente humanos, vemos os outros — e a nós mesmas — como corpos físicos que precisam de uma libertação.

O resultado imprevisto é que a Revolução Sexual não capacitou as mulheres; ela as silenciou.

Ela forçou mulheres e meninas em um molde social que retratava mulheres poderosas e bem-sucedidas como sensuais e sexualizadas. Transformou as mulheres em objetos a serem consumidos, e exigiu que mulheres e meninas dissessem que *gostavam disso*, que se conformassem e concordassem que a sexualização era, de alguma forma, para o nosso bem, nossa liberdade, nossa elevação. Estávamos tão silenciadas, de fato, que foi preciso um movimento global em 2017 para encontrarmos nossa voz.

FEMINILIDADE DISTORCIDA

#MeToo

O movimento #MeToo é uma acusação ousada de que a Revolução Sexual não foi para o nosso bem. As capas vermelhas e os chapéus brancos dizem o mesmo. Seus protestos revelam que grande parte do progresso das últimas décadas tem sido violento, odioso e desolador para as mulheres.

A *hashtag* #MeToo ganhou notoriedade em 2017, quando mulheres de Hollywood começaram a expor alegações de agressão sexual, abuso e estupro contra o produtor de cinema Harvey Weinstein. Mas *Me Too* foi uma expressão e um movimento originalmente cunhado pela ativista afro-americana Taranna Burke em 2006. Burke usou a expressão para encorajar mulheres e meninas a apresentarem suas próprias histórias de agressão e abuso sexual.

A própria expressão trai valores ocidentais recentes, retratando a crua normalidade da violência sexual cometida contra mulheres e meninas. *Você foi agredida? Eu também (Me too)*. Um estudo recente revela que 77% das mulheres foram assediadas sexualmente de forma verbal, 51% sofreram toques sexuais indesejados e 27% foram agredidas sexualmente.[10]

O movimento #MeToo de 2017 foi doloroso e revelador. Nomes de confiança, figuras fraternas e paternas, foram expostos pelo que realmente eram. Eu cresci assistindo ao *The Cosby Show*. Quando meus pais estavam se divorciando, os

---

10 Rhitu Chatterjee, "A New Survey Finds 81 Percent of Women Have Experienced Sexual Harassment", *National Public Radio*, February 21, 2018 (disponível em: https://www.npr.org/sections/thetwo-way/2018/02/21/587671849/a-new-survey-finds-eighty-percent-of-women-have-experienced-sexual-harassment, acesso em 19 ago. 2022).

protagonistas Claire e Cliff Huxtable não estavam. Eles eram uma âncora, um exemplo de laços familiares e amor abnegado. Mas agora eu sei que Bill Cosby era um estuprador em série e que não estava tudo bem, mesmo ninguém dizendo isso na época.

Aqui está a grande ironia da nossa época: "A revolução tornou o próprio sexo mais onipresente do que nunca. Mas também afastou homens e mulheres como nunca, tanto diminuindo a família quanto aumentando a desconfiança entre homens e mulheres graças ao consumismo generalizado."[11]

O sexo agora é generalizado, mas a intimidade foge de nós. Estamos em uma crise de confiança, de valorizar uns aos outros, de realmente nos importarmos com o que é melhor para a outra pessoa em nossas camas, sem mencionar pensar profundamente sobre o que é melhor para nós mesmas.

Por favor, entenda: a última coisa que quero fazer é culpar a vítima. Eu conheço, amo, e regularmente aconselho sobreviventes. Deixe-me ser bem clara: *qualquer avanço sexual, não autorizado ou indesejado, está sempre errado*. Mas temos que ser honestas ao admitir que a Revolução Sexual preparou o cenário para todos os tipos de confusão e exploração em nome de homens e mulheres. Isso nos colocou em uma posição tênue. Não há mais a segurança da fidelidade e da monogamia, ou mesmo uma definição cultural difundida do que constitui um comportamento bom ou aceitável.

---

11 Eberstadt, *Primal*, p. 96.

FEMINILIDADE DISTORCIDA

Os relacionamentos agora são vagos, os limites estão borrados. Aplicativos de namoro como o Tinder prevalecem, e aplicativos de consentimento como o LegalFling são, de alguma forma, necessários. Mais uma vez, o sexo é pervasivo, mas a intimidade foge de nós, e ficamos todos piores por isso.

Lembra-se de *Cinquenta tons de cinza*? Não precisei lê-lo pessoalmente para saber que é um romance erótico, sendo que romance ali na verdade significa abuso sexual e dominação do homem sobre a mulher. O livro e suas continuações estavam em toda parte, mesmo entre as mulheres da igreja. O fato de que a trilogia é recordista de vendas e se tornou um filme revela que as mulheres americanas a devoraram e incentivaram suas amigas a fazerem o mesmo.

Mas abuso sexual e dominação são maus. Não são nada menos do que uma afronta ao santo Deus que fez homens, mulheres e crianças *imago Dei*. A violência sexual é a mais grave. Que tipo de pessoas somos nós para exaltá-la e pagar para deleitar-se com ela? O que é trágico é que *especialmente as mulheres* consomem histórias como *Cinquenta tons de cinza*. Mulheres aplaudindo sua própria vitimização é de partir o coração. É loucura. É evidência definitiva de que vivemos em um mundo atormentado por confusão sexual e ruína, e muito provavelmente evidência de objetificação generalizada, abuso e trauma nas meninas que se tornaram as mulheres que consomem esse conteúdo sombrio.

Nascemos em uma época que rebaixa nosso Deus, suas boas dádivas e a nós mesmas, suas criaturas. Não está nada bem. E acho que os clamores do #MeToo apenas começaram.

Reviravolta completa na Marcha das Mulheres

Desde 2017, milhões de mulheres se reúnem em todo o país a cada ano para participar da Marcha das Mulheres. A marcha é um movimento liderado por mulheres "comprometidas com o desmantelamento de sistemas de opressão".[12] De acordo com o site da marcha, as mulheres marcham porque querem mais inclusão, autodeterminação, dignidade e respeito.

A ironia, no entanto, é que muito da dignidade e respeito pelas mulheres foram perdidos no feminismo de segunda onda — exatamente onde as manifestantes de hoje se sentem mais à vontade. Enquanto a primeira onda promoveu inclusão e proteção, a segunda onda promoveu objetificação e vulnerabilidade. As manifestantes de hoje não conseguem fazer a conexão. Na Revolução Sexual, perseguimos a liberdade — jogando fora a tradição e especialmente a moral cristã. Mas em vez de liberdade, recebemos exploração e abuso.

As mulheres agora marcham para acabar com a violência que nossas antecessoras inconscientemente inauguraram há apenas décadas.

O historiador Tom Holland diz: "Implícito no #MeToo está o mesmo chamado à continência sexual que reverberou ao longo da história da Igreja".[13] Seu clamor é pelo bem comum, por fronteiras sociais e estruturas centradas nos outros, que protegem os vulneráveis e os marginalizados.

---

12 "Mission and Principles", Women's March (disponível em: https://www.womensmarch.com/team, acesso em 19 ago.2022).

13 Tom Holland, *Dominion: How the Christian Revolution Remade the World* (Nova Iorque: Hachette, 2019), p. 531.

FEMINILIDADE DISTORCIDA

Quer saibam ou não, os gritos das participantes da Marcha das Mulheres são por um *retorno* a uma ética bíblica, um *retorno* às convenções e convicções cristãs que realmente protegem mulheres e meninas.

Mas a confusão permanece. As manifestantes pensam que a liberdade é encontrada no aborto, em expressões mais criativas da sexualidade, em maior autofoco. As vítimas do #MeToo pensam que leis de consentimento mais claras ou mais parceiros lhes trarão mais poder. As meninas ouvem de tudo, desde "reconhecer e exibir seu rebolado interior" até "jogar fora as algemas de seu gênero e, em vez disso, se revelar como um menino".

Cada versão da Revolução Sexual aprisiona ainda mais, escraviza ainda mais e explora ainda mais mulheres e meninas. Agora estamos testemunhando não apenas a terceira onda de feminismo, mas a quarta. As mulheres estão famintas por cura e integridade, mas continuam a depositar sua esperança em novas falsificações de uma ideologia defeituosa desde sempre. Talvez mais uma onda de feminismo, talvez mais uma marcha, esperamos, nos faça chegar lá.

A verdade é que todas nós, tanto seculares quanto espirituais, sabemos que há algo terrivelmente errado com a maneira como mulheres e meninas são tratadas nesta geração. Há uma consciência em todo o mundo ocidental de que mulheres e meninas foram mercantilizadas e usadas. Mas é precisamente *por causa* de "dois mil anos de moral sexual cristã que os homens, bem como as mulheres, tomam isso como certo".[14]

O movimento #MeToo nunca teria acontecido sem milênios de influência da Bíblia.

O #MeToo não é apenas o resultado da Revolução Sexual; é o resultado de uma consciência intrínseca de certo e errado, uma ética inerente em nós que diz que merecemos mais. Essa conscientização interior é nossa herança ocidental, uma bússola escondida dentro de nosso DNA ocidental, e nos remete aos primeiros séculos do cristianismo, quando mulheres e meninas eram estimadas em vez de consumidas.

Caindo em si no país distante

Sabemos que algo está errado precisamente *porque* nós, no Ocidente, fomos moldados pelo cristianismo. A dignidade e o valor humanos, a reverência por ambos os sexos e os direitos humanos não são evidentes. Não são verdades veneradas em todas as culturas e em todos os tempos. São *verdades bíblicas*. E tais verdades moldaram nossa história e nossos valores, quer reconheçamos isso ou não.

Por milênios, nós, no Ocidente, dissemos que é bom para mulheres e crianças desfrutar das proteções da lei — estarmos protegidas contra predadores, exigirmos o compromisso do casamento, garantirmos casas com pais e mães, e muito mais. Quando jogamos essas fronteiras fora em nome da liberdade, também removemos nossa própria proteção.

---

14 Holland, *Dominion*, p. 531.

FEMINILIDADE DISTORCIDA

No entanto, aqui estamos nós. Como o filho pródigo, acordamos para a realidade neste país distante. Os últimos sessenta anos de reivindicações de liberdade não foram realmente libertadores. Desperdiçamos as boas dádivas de nosso Pai em uma vida dissoluta. Estamos feridas, famintas e com saudades de casa. As mulheres com capas vermelhas e chapéus brancos têm razão em gritar e exigir um tratamento melhor. Como o filho pródigo, elas têm fome de comida de porco, quando poderiam estar se banqueteando na casa de nosso Pai.

E é por isso que o cristianismo é predominantemente feminino. Na presença de Deus e cercadas por seu povo somos realmente valorizadas, realmente amadas e realmente protegidas. Que todas as mulheres do Ocidente vejam — *verdadeiramente vejam* — a bondade de nosso Deus e a bondade de seu desígnio para nós, seu povo, *imago Dei*.

Você e eu fomos feitas para muito mais.

Questões para discussão

1. Você já teve uma suspeita sorrateira de que o cristianismo é ruim para as mulheres? Compartilhe seus pensamentos com seu grupo.
2. Você está surpresa em saber que o cristianismo é, e sempre foi, predominantemente feminino? Discuta os valores e práticas culturais do mundo greco-romano do primeiro século, bem como os da igreja primitiva.
3. Quais circunstâncias provocaram o feminismo de primeira onda?

4. Você já pensou em como o feminismo de segunda onda, na década de 1960, definiu a igualdade de gênero como *uniformidade*? O que você acha sobre o modo como o corpo masculino tornou-se a norma em relação ao corpo feminino e foi dada preferência a evitar ou interromper a gravidez, em vez de esperá-la e celebrá-la?
5. O movimento #MeToo não é apenas o resultado da Revolução Sexual; é o resultado de uma consciência intrínseca do certo e do errado. Todos — incluindo aqueles que rejeitam o cristianismo — sabem que mulheres e meninas merecem proteção precisamente *porque* nós, no Ocidente, fomos moldados pelo cristianismo. Como você ajudaria uma amiga que não tem uma cosmovisão bíblica a ligar os pontos de seu desejo de tratamento justo à realidade da *imago Dei*? O que diria especificamente a ela?
6. Leia Gênesis 1.26-28 e 1 Coríntios 6.12-20. Discuta a *imago Dei* e a singularidade do pecado sexual. Encerre orando e pedindo a Deus para ajudá-la a entender ambos os temas conforme eles surgem ao longo do restante deste livro e na vida cotidiana.

Capítulo 3

Uma lente atemporal para tendências mutáveis

Quando eu era menina, meu pai tentou me dissuadir da minha fé cristã. Eu tinha nove anos quando ouvi sobre Jesus e seu amor por mim. Foi quando minha mãe me levou à igreja, depois que ela e meu pai se divorciaram. Quando ouvi o evangelho, somente pela graça e bondade de Deus, eu cri.

Não culpo meu pai. Quando ele ouviu sobre meus planos de fazer uma confissão de fé e ser batizada na igreja, ele sentiu que eu havia sido enganada, talvez sofrido lavagem cerebral. Agora que sou mãe, posso ver como seria desconcertante ter um filho meu seguindo uma visão de mundo tão oposta à minha.

Meu pai era advogado e fazia boas perguntas. Eu não tinha nenhum desejo de seguir uma falsa fé, e eu realmente queria agradar-lhe. Queria que ele soubesse que eu tinha pensado nisso, que eu não estava sendo manipulada por ninguém. E assim, ainda adolescente, fui obrigada a examinar a veracidade da ressurreição, como obtivemos o cânone das Escrituras e a historicidade do Antigo e do Novo Testamentos. Incentivo você a fazer o mesmo, se ainda não fez isso.

Muitas de nós nunca fizemos isso porque vivemos em uma cultura que recompensa a distração, o consumo de conteúdo por prazer e a maratona de séries muito mais do que questões existenciais. Mesmo quando tínhamos tempo extra em nossas mãos durante uma pandemia global, quantos americanos assistiam a horas e horas de *Máfia dos tigres* na Netflix em vez de ler mais para se aprofundar no porquê de crermos no que cremos? Mesmo enquanto centenas de milhares morriam em todo o mundo, nós entorpecíamos nossas mentes em vez de aguçá-las.

É fácil fazer isso, porque estamos imersas em ruídos e sincretismo. Frequentemente — geralmente sem saber — acomodamos um conglomerado de ideias conflitantes em nossos corações e mentes. Ao mesmo tempo, gostamos de obedecer à Regra de Ouro do Cristianismo, um pouco da filosofia Zen do Oriente, um pouco de karma aqui, alguma penitência ali.

O que me preocupa sobre esse modo de vida, no entanto, é que a nossa miscelânea deixa a desejar.

O século XXI é caótico. Vimos no último capítulo quão rapidamente a cultura pode mudar, quão abrupta e absolutamente as convicções e valores sociais podem ser virados de cabeça para baixo. Precisamos de uma lente atemporal e verdadeira através da qual possamos ver as tendências em constante mudança.

É disso que se trata este capítulo: nos preparar, cultivando uma compreensão de nós mesmas e de nosso mundo baseada na realidade, para que estejamos prontas para o que vier. Não só estaremos prontas para as provações e tribulações que nos acontecem, mas também estaremos preparadas para filtrar o caos que gira ao nosso redor.

Neste capítulo, vamos fazer e responder algumas perguntas fundamentais que construirão um alicerce para a nossa fé, para que possamos permanecer de pé aconteça o que acontecer. Vamos examinar como é Deus, como nós somos e como é o nosso mundo. Essa perspectiva baseada na realidade permitirá que identifiquemos as falsificações, estejam elas longe no horizonte ou se escondendo bem aqui dentro de nós. Lembre-se, o bem-estar humano requer harmonia com a realidade. Então vamos nos firmar no que é real.

Quem é Deus?

Nosso mundo teve um começo pessoal, não impessoal ou aleatório. Nosso Criador empregou pensamento e amor, e da sua bondade chamou o universo, incluindo nós, à existência. O amor pessoal de Deus é a base para o universo, para tudo.[1]

E o mundo está repleto de evidências desse amor, bem como da personalidade, meticulosidade e deleite do nosso Criador: um céu noturno brilhante, um pôr-do-sol vermelho radiante, as escamas cintilantes nas costas de um lagarto, a enormidade de uma baleia azul de 150 toneladas, o poder do rio Zambeze ao descer as Cataratas Vitória, a risada de um bebê, o hálito de um novo filhote de cachorro, a melodia de instrumentos de cordas e de sopro sendo tocada em uníssono, limões azedos e amoras doces.

"Deus é amor" (1Jo 4.8), diz o apóstolo João, e assim também diz o mundo ao nosso redor.

---

[1] Douglas Groothuis, *Christian Apologetics: A Comprehensive Case for Biblical Faith* (Downers Grove, IL: InterVarsity Press, 2011), p. 84.

FEMINILIDADE DISTORCIDA

Embora seja verdade que Deus é transcendente — ele está acima da criação, é a fonte dela, é o autor e a autoridade de tudo o que vemos — também é verdade que ele é igualmente imanente. Ele é pessoal, ativo e envolvido com sua criação. Ele não é frio e distante, uma estátua sem vida com os braços cruzados e impossível de agradar. Ele é um Deus pessoal que "criou pessoalmente o mundo para ser povoado pelas pessoas".[2]

Deus é relacional. Podemos ver isso primeiro em sua própria natureza, pois ele é um Deus em três pessoas: Pai, Filho e Espírito Santo. E nós podemos ver isso, em segundo lugar, no modo como ele se relaciona conosco. Ele não nos fez porque estava sozinho, mas porque é bom e amoroso. Ele não está afastado. Ele está intimamente envolvido em nossas próprias histórias, à medida que elas fluem dele mesmo.

Este é o nosso Deus: bondoso, amoroso, pessoal, direcionado a um relacionamento com você e comigo. Ele nomeou todas as estrelas (Sl 147.4) e, ao mesmo tempo, sabe exatamente aquilo de que você e eu precisamos antes mesmo de lhe pedirmos (Mt 6.8).

Quem somos nós?

Você provavelmente já sabe que Deus fez Adão e Eva no sexto dia de sua criação. Durante os primeiros cinco dias, ele fez a luz, os céus e a terra, o mar e o céu, uma terra fértil com vegetação, o sol, a lua e as estrelas, os pássaros e os peixes. Então, no sexto dia, Deus trouxe à existência animais terrestres e os primeiros humanos, Adão e Eva.

---

[2] Groothuis, *Christian Apologetics*, p. 82.

Uma lente atemporal para tendências mutáveis

O que você pode não ter considerado, no entanto, é como fomos feitos para sermos cocriadores e cocultivadores com o Senhor, e como fomos feitos para viver em comunidade uns com os outros. Como discutido no capítulo 2, Gênesis 1 diz que Deus fez o homem à sua própria imagem, *imago Dei* (Gn 1.27). Começamos a entender o que isso significa quando Deus abençoa Adão e Eva e diz a eles: "Sede fecundos, multiplicai-vos, enchei a terra e sujeitai-a" (Gn 1.28). Parte do que significa ser feito à imagem de Deus é ser um cocriador e um cocultivador com ele: gerar vida e cuidar dela. Devemos cultivar o que foi feito, porque tudo é muito bom (Gn 1.31).

Gênesis 2 aproxima o relato da criação e nos diz mais três detalhes instrutivos sobre a criação de Adão e Eva. Primeiro, vemos a sua criação inserida na "história das origens dos céus e da terra" (Gn 2.4, NVI). E mais vinte e cinco vezes depois disso, a Bíblia lista uma versão ou outra de nossa genealogia — as nossas gerações, do povo de Deus. Segundo, Moisés nos diz que "formou o Senhor Deus ao homem do pó da terra e lhe soprou nas narinas o fôlego de vida, e o homem passou a ser alma vivente" (Gn 2.7). E terceiro, enquanto Adão dormia, Deus tirou uma de suas costelas e com ela fez Eva (Gn 2.21-22). A criação dos humanos conclui com: "Por isso, deixa o homem pai e mãe e se une à sua mulher, tornando-se os dois uma só carne. Ora, um e outro, o homem e sua mulher, estavam nus e não se envergonhavam" (Gn 2.24-25).

A história dos humanos sempre foi comunal e nunca individual.

FEMINILIDADE DISTORCIDA

Somos um povo que vem de gerações, que vem do pó da terra e do sopro de Deus. Não somos feitos por nós mesmos ou para o isolamento, nem nunca fomos. Estamos inseridos em comunidade, somos interdependentes com os outros e dependentes de Deus.

Quem somos tem tudo a ver com *de quem* somos. Pertencemos ao Senhor, nosso Criador, e pertencemos uns aos outros.

Para que estamos aqui?

Você já olhou profundamente para o seu café da manhã e se perguntou: "O que eu estou fazendo aqui, afinal?". Eu certamente já. E não só no meu café. Nos livros, fraldas de bebês, caixas de mudanças, redes sociais, no espelho do banheiro. É uma boa pergunta que vale a pena ser feita.

Nosso propósito nesta vida é refletir nosso Criador, nosso Deus no céu; somos, afinal, *imago Dei*. O teólogo e autor Russell Moore diz que "a humanidade é criada para ser um sinal da presença de Deus de uma maneira única".[3] Ele diz que fomos feitos para revelar um anseio, dar voz ao gemido da criação (Rm 8.22) de que o que vemos no mundo material não é tudo o que existe. Nossa própria natureza aponta para fora de nós mesmos e grita que *há algo mais lá fora, algo mais nesta vida além do que o que você vê*. Lembra-se daquela segunda história, silenciosa em nossas cabeças, que discutimos no capítulo 1? É

---

[3] J. T. English, Jen Wilkin, e Kyle Worley, "Episode #87: Imago Dei and Cultural Mandate with Dr. Russell Moore," 7 de outubro de 2020, *podcast Knowing Faith*, October 7, 2020 (disponível em: https://podcasts.apple.com/us/podcast/knowing-faith/id1274228164?i=1000493992820, acesso em 22 ago.2022).

por isso que essa história, esse senso de mais, persiste no fundo de nossa mente. Fomos feitos para pensar assim.

Embora todos tenhamos o mesmo propósito — glorificar nosso Deus — somos um povo diversificado, com inúmeros e únicos contextos, apelos, habilidades e fardos. Nosso Deus é criativo, e ele fez uma diversidade incomensurável de pessoas para refleti-lo. A maneira como você e eu criamos e cultivamos não será a mesma, mas cada um de nós foi projetado para trazer ordem, beleza e harmonia ao lugar onde Deus nos colocou. Isso pode ser na sua própria casa, na economia, na política, em missões no exterior, no seu bairro ou na sua cidade.

Onde quer que você esteja, como você pode ver — *realmente ver* — as pessoas e lugares ao seu redor e demonstrar o bem, o belo e a verdadeira imagem de Deus nesse cenário? Fazer isso é dar glória a Deus. É criar seu reino na terra, como no céu. Fomos feitos para isso.

Mas há um problema

Nossa revisão até agora de quem Deus é, de quem nós somos e sobre o que devemos estar fazendo aqui tem ido muito bem — exceto pelo fato de que você provavelmente sabe que temos um problema. Nosso desígnio foi arruinado e nossos papéis foram frustrados.

Vamos preencher o resto da história antes de continuarmos. Isso pode parecer um desvio teológico no momento, mas este é o evangelho, a boa notícia para todos, e vamos precisar dele fresco em nossas mentes quando entrarmos na próxima parte do livro, sobre idolatria.

Conhecer, valorizar e revisitar essas boas notícias agora nos prepararão para enfrentar as falsificações de nossa época nas próximas páginas.

Gênesis 3 introduz a Queda, ou pecado, que vimos brevemente no capítulo 1. Você pode se lembrar de que a serpente que era "mais sagaz que todos os animais selváticos que o Senhor Deus tinha feito" (Gn 3.1) se aproximou de Eva, e de Adão juntamente com ela, e questionou a ordem de Deus, que eles não comessem da árvore do conhecimento do bem e do mal, para não morrerem (Gn 2.17).

Está implícita a suspeição da serpente sobre a bondade de Deus. Seu objetivo era fazer nossos primeiros pais suspeitarem também. Ela sugeriu que Deus estava enganando Adão e Eva, que eles não morreriam, mas na verdade viveriam — teriam seus olhos abertos e seriam mais como Deus (Gn 3.4-5). E assim eles comeram.

Esse pecado original afeta a todos nós. A harmonia que uma vez desfrutamos com nosso Criador e seu mundo está agora quebrada.

Nossa única esperança

Quantas vezes você olhou nos olhos de uma amiga, cheios de lágrimas, a dor gravada nas linhas do rosto dela, e queria tanto ter as palavras certas, a resposta exata para o que ela está passando, uma explicação de que tudo vai ficar bem? Viver em um mundo pós-Gênesis 3 significa que esse cenário é muito comum e bastante familiar.

Uma lente atemporal para tendências mutáveis

Após a queda, todos nós precisamos de redenção. E louvado seja Deus, temos um Redentor. Tão certo como o pecado entrou no mundo através de um homem, assim foi com a Redenção. Gerados do primeiro Adão, todos nós experimentamos a morte e cometemos pecado, mas gerados de Jesus — o segundo e último Adão — recebemos graça e vida eterna (Rm 5.17).

Olhamos para o futuro com expectativa, alegria e entusiasmo pela restauração. Cristãos, devemos lembrar que há esperança no horizonte. O céu é real. Nós, que confiamos em Jesus, *ressuscitaremos* com ele e o desfrutaremos para sempre. A própria razão pela qual podemos olhar adiante para "um reino inabalável" (Hb 12.28) é por causa do que Jesus já realizou por você e por mim.

Jesus, que é totalmente Deus, não se agarrou a todos os seus privilégios como Deus, mas se esvaziou, deixou o céu e se tornou um homem que andou em nossa terra quebrada, pós-Gênesis 3 (Fp 2.6-7). Sendo plenamente Deus e plenamente homem, ele é capaz de se compadecer de nossas fraquezas. Ele também foi tentado como nós, mas nunca pecou (Hb 4.15)! Em seu tempo na terra, Jesus se aproximou de pessoas machucadas e sofridas. Quando ele nos viu, teve compaixão de nós, porque viu pessoas "aflitas e exaustas como ovelhas que não têm pastor" (Mt 9.36). Ele percorria "todas as cidades e povoados, [...] pregando o evangelho do reino e curando toda sorte de doenças e enfermidades" (Mt 9.35). Na terra, Jesus formou relacionamentos profundos e demonstrou cuidados ternos, até mesmo chorando com aqueles que choravam (Jo 11.35).

FEMINILIDADE DISTORCIDA

E aqui está o grande escândalo de nossa fé: enquanto ainda éramos fracos, ainda ímpios, e realizando nossos próprios desejos como inimigos de Deus, Cristo morreu por nós (Rm 5.6,8; Ef 2.1,3,5). Porque Deus é rico em misericórdia, e porque ele nos ama com um grande amor (Ef 2.4), "aquele que não conheceu pecado, ele o fez pecado por nós; para que, nele, fôssemos feitos justiça de Deus" (2Co 5.21).

Você e eu, que confiamos e seguimos a Jesus, estamos curadas — para todo o sempre. Meu marido frequentemente me lembra de que nosso maior problema já foi resolvido para sempre. Fomos reconciliados com nosso santo e bom Deus Criador. E agora nada — *nada* — "poderá separar-nos do amor de Deus, que está em Cristo Jesus, nosso Senhor" (Rm 8.39).

Quando olho para os olhos cheios de lágrimas de uma amiga, ou quando as minhas se derramam, olho para a cruz e lembro. Lembro-me do corpo agredido de Cristo, ensanguentado, sua grande vergonha e abandono na cruz, onde ele assumiu o castigo que eu mereço.

Quando me lembro da cruz, sei que posso confiar em Jesus por causa do que ele já fez por mim, dos grandes esforços que sofreu por mim. Verdadeiramente, Deus é amor. Ele é bom. Podemos confiar no Deus-homem que tirou nossa destruição certa e nos deu a vida eterna.

Impulsionada pela liberdade

Como compartilhei no início deste capítulo, quando eu tinha nove anos de idade, confessei, cri e fui salva (Rm 10.9), mas não foi senão quase uma década depois que eu realmente, *experiencialmente, conheci* a verdade e a verdade me libertou (Jo 8.32). Quando a realidade da grande troca — meu pecado pela perfeição de Jesus — penetrou em minha alma, fui liberta da pressão de ter que fazer algo pela aceitação e amor de Deus e dos outros. Eu estava livre do pecado que havia me aprisionado, livre do orgulho e da autoaversão, livre do medo do meu futuro e do que pode ou não acontecer comigo, livre do medo da morte, da doença e da dor.

É claro que esses falsos mestres ainda estão à espreita e rondam (Gn 4.7; 1Pe 5.8), e continuarão até que eu chegue ao céu, mas eles já não me escravizam mais. Eles não têm mais a última palavra. A verdade me libertou.

Essa liberdade em Cristo é o *muito mais* para o qual fomos feitos. Essa é a nossa esperança eterna, já selada e inabalável: "Não somos de nós mesmos, mas pertencemos, de corpo e alma, na vida e na morte, a Deus e a nosso Salvador, Jesus Cristo."[4] Deus "nos libertou do império das trevas e nos transportou para o reino do Filho do seu amor" (Cl 1.13), a nós que seguimos a Jesus. Está consumado. Estamos seguros, protegidos e abundantemente amados.

Tudo de que precisamos, temos em Cristo Jesus nosso Senhor. E isso nunca, nunca pode ser arrebatado (Jo 10.28). Somos livres, verdadeiramente livres! Isso muda tudo.

Se você é cristã, então você tem muito mais em Cristo do que este mundo é capaz de lhe oferecer. Porque temos vida abundante em Jesus (Jo 10.10), porque temos todas as bênçãos

---

4 Collin Hansen (org.), *Devocional do catecismo nova cidade* (São José dos Campos: Fiel, 2017), p. 17.

espirituais do nosso bom Deus (Ef 1.3), porque somos filhas adotivas muito amadas com uma herança do Criador do universo (Ef 1.5,11), podemos buscar primeiro o seu reino (Mt 6.33), podemos seguir a vontade de Deus na terra como no céu (Mt 6.10). Temos esse tesouro muito maior em vasos de barro (2Co 4.7), e somos chamadas a compartilhá-lo com os outros.

Nós somos embaixadoras de Cristo (2Co 5.20), e ele nos pede para proclamar o que é verdadeiro, real e libertador para todas as pessoas, para todas as nações (Mt 28.19-20). Essa é a nossa alegria e essa é a nossa missão: caminhar em plenitude de vida e na alegria profunda que está disponível apenas em Cristo e partilhá-la com os outros.

Do falso aos fatos

Na próxima parte do livro, vamos mergulhar profundamente em cinco promessas vazias de nossa época que têm sido especialmente atraentes, enganosas e mortais (física e espiritualmente) para as mulheres. Nós nos contentamos com muito pouco. Curvamo-nos aos altares da beleza e da habilidade externas, sexo barato, aborto, gênero e fluidez sexual, e até mesmo casamento e maternidade. Buscamos nosso valor, identidade e alegria real em falsificações baratas, em vez de buscá-los na coisa real.

Muitas de nós nem sequer sabem que estamos nos curvando a falsos deuses que estão sendo passados como verdadeiros. Como relógios Rolex falsos à venda em lojas, olhamos para eles, mas não os examinamos. Eles parecem muito bons, nós pensamos, sem ter nada melhor com que compará-los.

Uma lente atemporal para tendências mutáveis

Pagamos o preço barato, colocamos no pulso e confiamos neles para orientar nosso dia.

Na verdade, ficamos satisfeitas com muita facilidade. Nós nos contentamos com a versão falsa da vida e da feminilidade, porque não sabíamos que havia algo melhor. As vozes dos vendedores oferecendo suas mercadorias falsas abafaram as melhores vozes. Nós nem sequer ouvimos a melhor voz — a voz de Deus.

Sinto-me movida a escrever porque já estive assim. E deste lado do céu, ainda estou assim de maneiras que eu não percebo, mesmo agora, e de algumas que percebo. De muitas maneiras eu fui enganada, usando vários relógios Rolex nos dois braços até em cima. Minha vida tem sido repleta de falsificações, porque eu não conhecia nada melhor ou porque não tinha fé para crer que os caminhos de Deus realmente são para o meu bem e o seu bem, e o bem de *todos*.

Tendo visto essas falsificações sob a luz, estou olhando para meus braços e pensando: *esses relógios idiotas nem são reais*. Eles estavam sendo um peso, sugando a vida de mim. E todo esse tempo eu pensei que eles pareciam bons, até mesmo empoderadores, sinais para o mundo de que eu sou uma mulher capaz, atenta e moderna.

Minha esperança é que, à luz da bela verdade e com a ajuda de Deus, você e eu removeremos uma falsificação de cada vez e substituiremos cada uma delas pela magnífica realidade. Você, eu e cada mulher e menina que já viveu é uma criatura com um Criador. Temos um *design* glorioso, porque temos um *Designer* glorioso.

FEMINILIDADE DISTORCIDA

Como, então, devemos viver?

Meu pai estava preocupado com minha jovem fé porque ele sabia que ela, corretamente recebida e aplicada, mudaria tudo. Ele sabia que nossas cosmovisões divergiriam e veríamos tudo, da política aos negócios, da arte à economia, de maneiras diferentes. Ele tinha razão. Aqueles que trazem Cristo em meio ao nosso mundo caído não seguirão o status quo. Devemos viver de acordo com a realidade, de acordo com o que é verdade.

O que é verdade é que o bem-estar humano requer harmonia com a realidade. E a realidade é encontrada nas páginas da palavra de Deus; de fato, o próprio Deus é a realidade última. Saber que ele é nosso Criador e nós somos suas criaturas nos leva a viver à luz de duas verdades.

Primeiro, pertencemos a Deus. Todo ser humano deve sua existência ao Deus que nos criou. É seu fôlego em nossos pulmões. Foi ele quem nos criou no ventre de nossa mãe (Sl 139.15). E essa verdade é ainda mais poderosa para aqueles que professam Cristo. Como diz o apóstolo Judas, Cristo é "nosso único Soberano e Senhor" (Jd 4). O próprio Espírito Santo habita em nós; somos templos do único Deus verdadeiro. Você e eu fomos compradas pelo preço de Jesus Cristo crucificado. É nosso chamado e honra glorificá-lo com nossos corpos (1Co 6.19-20).

Segundo, pertencemos uns aos outros. Ninguém é autofabricado ou autossuficiente. Cada genealogia na Bíblia nos lembra de que todos os seres humanos — crendo ou não na palavra de Deus — são inter-relacionados e interdependentes.

Precisamos uns dos outros, e somos chamados a amar-nos uns aos outros, "porque toda a lei se cumpre em um só preceito, a saber: Amarás o teu próximo como a ti mesmo" (Gl. 5.14). Amar uns aos outros, no entanto, raramente é automático ou fácil. Temos que nos submeter, como fez Jesus. E amar de uma maneira distintamente cristã certamente irá contra a maré cultural.

Nós, no Ocidente, aceitamos e adotamos amplamente as falsificações de nossos dias. E apesar de terem prometido vida, elas entregaram morte. A verdade sobre quem Deus é, quem somos e como ele nos projetou para viver é a nossa única esperança.

À medida que descobrimos as falsificações de nossa época e recuperamos verdades eternas para todas as demais, espero que a verdade nos liberte.

Questões para discussão

1. Quando você olha para a criação, o que você gosta mais de contemplar? O que isso lhe diz sobre o amor pessoal de Deus?
2. Leia Gênesis 2 inteiramente. O que você pensa sobre a verdade de que não somos feitos por nós mesmos ou para o isolamento, nem nunca fomos? Quão difícil é viver no século XXI de acordo com a verdade de que fomos feitos para viver inseridos em comunidade, interdependentes com os outros e dependentes de Deus?
3. O *Catecismo Nova Cidade* diz: "Este presente mundo caído não é tudo que existe; logo viveremos com Deus e teremos satisfação nele para sempre na nova cidade, no novo céu e

na nova terra, onde estaremos plenamente e para sempre libertos de todo pecado e habitaremos corpos renovados, ressurretos, em uma nova criação renovada e restaurada".[5] Como essa verdade sobre o futuro afeta a maneira como você vive no presente? Ou, se não afeta a forma como você vive atualmente, o que você pode mudar à luz disso?

4. Leia Romanos 5.6–8, 2Co 5.21 e Ef 2.1–10. Como essas verdades ajudam você a confiar em Jesus agora?

5. Jesus diz que se somos seus discípulos, então conheceremos a verdade e a verdade nos libertará (Jo 8.32). Você consegue se lembrar de um tempo em que acreditou em uma mentira — quando usava um Rolex falso, para usar meu exemplo do capítulo — e depois percebeu que era uma falsificação?

6. Compartilhe com outras pessoas o que você acha que significa a frase "o bem-estar humano requer harmonia com a realidade". Esse truísmo surgirá muito nos próximos capítulos. Encerre orando e pedindo a Deus para ajudá-la a ver e a crer no que é verdade e para que a verdade realmente a liberte.

---

5 *Catecismo nova cidade*, pergunta 52.

Parte 2
Confrontando as promessas vazias da nossa época

Ídolos e suas promessas vazias são tão antigos quanto nós humanos. Mas no Ocidente do século XXI há pelo menos cinco que se mostraram especialmente atraentes, e tragicamente destrutivos, para mulheres e meninas. A parte 2 procura descobrir esses ídolos e expô-los pelas falsificações que realmente são.

> Ah! Todos vós, os que tendes sede, vinde às águas; e vós, os que não tendes dinheiro, vinde, comprai e comei; sim, vinde e comprai, sem dinheiro e sem preço, vinho e leite. Por que gastais o dinheiro naquilo que não é pão, e o vosso suor, naquilo que não satisfaz? Ouvi-me atentamente, comei o que é bom e vos deleitareis com finos manjares. Inclinai os ouvidos e vinde a mim; ouvi, e a vossa alma viverá. (Is 55.1-3)

Capítulo 4
Obcecadas: corpos, beleza e habilidade

"Mamãe, estou bonita?" Como mãe de quatro filhas, ouvi essa pergunta todos os dias durante anos. Tínhamos caixas cheias de vestidos de princesa e fantasias. Quanto mais brilho e esplendor, melhor. Evidentemente dois (ou mesmo três) vestidos de princesa em camadas, um em cima do outro, realmente são melhores do que apenas um.

Elas são adolescentes e jovens adultas agora, evoluindo mais para minhas amigas e confidentes a cada ano que passa. Agora elas perguntam: "Isso está bom?". E eu frequentemente respondo com a mesma pergunta. Acho que somos bastante práticas, mas meu marido se maravilha com quantas roupas nós, as Oshwomen[1], podemos experimentar antes de sair de casa.

A primeira vez que minha primeira filha perguntou se eu a achava bonita, meu coração disparou enquanto eu tentava formular uma resposta. É uma pergunta carregada, mesmo que a autora da pergunta não esteja ciente. Por um lado, eu queria deixar escapar: "Claro que sim! Você é linda!". Eu certamente pensava que todas as minhas filhas eram lindas, e adorava vê-las vestirem o que quer que imaginassem.

---

1 N.T.: Trocadilho com Osh*man*, sobrenome da autora.

FEMINILIDADE DISTORCIDA

Por outro lado, desde o momento em que ouvi "é uma menina!" na sala de ultrassom, eu queria muito proteger minhas filhas de uma visão doentia e idólatra sobre seus corpos. Eu não queria que elas caíssem no costume ocidental generalizado de atrelar seu valor à aparência ou às suas habilidades. Eu queria que minhas meninas seguissem Jesus e soubessem que aparência e habilidade não são de importância definitiva.

De que forma você ajuda uma criança de três anos a entender que sim, você realmente acha que ela é a garota mais bonita que você já viu, mas também fazê-la saber, no fundo de sua alma, que a nossa beleza é intrínseca simplesmente porque somos seres humanos? Como você ensina a uma criança que a beleza é muito, muito mais do que tiaras e laços? Como você ajuda uma menina de 13 anos a entender isso? Uma de trinta anos? Uma de 75 anos?

Minha mãe gargalhou anos atrás quando a lembrei de sua resposta na ocasião em que perguntei, quando criança, se eu era bonita. Sua resposta repetida, que ela agora jura não se lembrar, foi: "Não coloque muita esperança em sua beleza. Você poderia sofrer um acidente de carro hoje que desfiguraria seu rosto para sempre, e, então, o que você faria?". Rimos alto sobre sua franqueza naquela época (que é um vislumbre de como era ser criada na década de 1980), mas garanto que isso me assombrou por anos. *E se um acidente assim acontecesse? Eu me importo demais com minha aparência física e habilidades?*

A verdade é que as aparências perfeitas e os corpos perfeitamente hábeis são etéreos, o material da imaginação e das imagens geradas por computador. Contudo, nós que habitamos o mundo real estamos, não obstante, obcecadas por essas imagens.

Qual é a maneira certa de viver em uma cultura obcecada com nossos corpos?

Pessoas bonitas

Pessoas bonitas são as que tomam o centro do palco. Estrelas de cinema, âncoras de noticiários e quase todas as personagens públicas são adornadas com rostos bonitos. Priorizamos os bonitos, colocando-os em pedestais, e relegamos os rostos médios e "feios" para os bastidores e para trás das câmeras.

Economistas e sociólogos provaram até mesmo que é financeiramente útil ter boa aparência. Daniel Hamermesh, professor de economia e autor de *Beauty pays*, diz: "Um estudo mostrou que um trabalhador americano que estava entre os 14% inferiores em aparência, conforme avaliado por observadores escolhidos aleatoriamente, ganhava 10 a 15% menos por ano do que um trabalhador semelhante cuja aparência foi avaliada no terço superior".[2] Ao longo da vida, trata-se de uma diferença de cerca de 270 mil dólares na economia de hoje.

Hamermesh diz que é uma questão de preconceito. Gravitamos em direção a pessoas mais atraentes, sejam vendedores, clientes, compradores, advogados, professores, treinadores, políticos ou todo o resto. Todos nós contribuímos para um ciclo que recompensa uma certa estética.

---

2 Daniel S. Hamermesh, "Ugly? You may have a case", *New York Times*, August 27, 2011 (disponível em: https://www.nytimes.com/2011/08/28/opinion/sunday/ugly-you-may-have-a-case.html?searchResultPosition=1, acesso em 24 ago. 2022).

FEMINILIDADE DISTORCIDA

Sabendo que a beleza é vantajosa, gastamos muito tempo e dinheiro para melhorar nossa boa aparência. Os Estados Unidos são "o lar do maior mercado de beleza e cuidados pessoais do mundo. Em 2019, ele foi avaliado em cerca de 93,35 bilhões de dólares, contra 80,7 bilhões de dólares em 2015".[3]

O site *Business Insider* diz que o crescimento na indústria da beleza realmente decolou nos últimos anos por causa das mídias sociais. "As empresas de cosméticos estão aproveitando o poder do *marketing* de influenciadores e embaixadores da marca."[4] Vemos rostos bonitos nas redes sociais — muitas vezes nossos amigos ou amigos de amigos — e queremos qualquer produto que eles estejam vendendo.

Reels não são reais

Meu marido e eu somos antiquados quando se trata de nossas filhas e mídias sociais. Não temos regras rígidas e definidas, e não queremos proibi-las para sempre, mas queremos adiar os efeitos mortíferos na alma delas pelo maior tempo possível. Sabemos que seus corações adolescentes são frágeis, e queremos que eles cresçam e prosperem sem essa pressão enquanto pudermos resistir. Estou na casa dos quarenta e tenho dificuldades com seguidores, *likes* e com o querer achar a pose certa

---

[3] Alexander Kunst, "Average Amount Consumers Spend on Beauty and Personal Care Products Per Month in the United States as of May 2017," *Statista*, December 20, 2019 (disponível em: https://www.statista.com/statistics/715231/average-monthly-spend-on-beauty-products-us/, acesso em 24 ago. 2022).

[4] Bethany Biron, "Beauty Has Blown Up to Be a $ 532 Billion Industry—and Analysts Say That These 4 Trends Will Make It Even Bigger", *Business Insider* online, July 9, 2019 (disponível em: https://www.businessinsider.com/beauty-multibillion-industry-trends-future-2019-7, acesso em 24 ago. 2022).

apenas para evitar um queixo duplo. Quanto mais isso teria capturado meu eu de dezesseis ou treze anos?

O autor e crítico de *smartphones*, Tony Reinke, diz: "Na era do espetáculo, a imagem é nossa identidade, e nossa identidade é inevitavelmente moldada por nossa mídia".[5] Não apenas nossa identidade agora é autoconstruída, como vimos no capítulo 2, mas *a construímos online*, onde temos uma opção infinita de filtros e aplicativos de edição de fotos. Moldamos nossa imagem digitalmente, defendendo a *aparência de quem somos* acima e além de quem realmente somos.

O que eu realmente sou na vida real importa menos do que como projeto essa imagem *online*.

Esses pequenos e sinistros quadros de mídia social estão nos disciplinando. Eles estão moldando a maneira como você, eu e nossas filhas (e filhos) pensamos sobre nós mesmas, nossa identidade e nosso valor. Como uma goteira lenta que escava um desfiladeiro profundo, o consumo por horas diárias de mídia em nossas mãos está esculpindo como vemos os seres humanos, o significado e o valor da vida, e o que realmente importa. Não precisamos estar conscientes disso para sermos grandemente afetadas por isso.

Você, eu e os 75% da população americana que usa as mídias sociais todos os dias estamos ingerindo os destaques dos *reels* de todos os outros e internalizando essas imagens *como*

---

5 Tony Reinke, *A guerra dos espetáculos: o cristão na era da mídia* (São José dos Campos: Fiel, 2020), p. 28.

reais.[6] Dos famosos aos obscuros, cada avatar exibe seus melhores momentos. Meses e anos ingerindo quadros melhorados e fabricados digitalmente estão nos transformando.

Cultura da pressa

Consistentemente moldadas por tantas visões de uma boa vida, nos propusemos a fabricar nossa melhor vida também. Respondemos e-mails a todo o momento na esperança de fecharmos o negócio e nos esforçamos para ter mais seguidores e expandir nossa influência. Nós nos apressamos para podermos ter tudo.

A cultura da pressa se estende também para nossa vida fora da profissão, fazendo com que ela pareça estranhamente com trabalho. Esforçamo-nos na academia e contamos nossos carboidratos para obter aquele corpo de praia; buscamos os planos perfeitos (fim de semana, faculdade, aposentadoria e férias); selecionamos nosso melhor guarda-roupas, a cor de cabelo certa, a combinação perfeita de vinho e queijo e o grupo de amigos não tóxicos que nos ajudarão a chegar aonde queremos ir. A cultura da pressa nasce da primeira história que vimos no capítulo 1: é a história na sua cabeça que diz que *você pode ser incrível, você só precisa fazer acontecer.*

Os *smartphones* servem como curadores sempre presentes para fotografar e exibir cada cena de uma marca. Um quadro de cada vez, tornamo-nos produtos para os outros consumirem. A professora e escritora de cultura Anne Helen Peterson diz que os jovens adultos:

---

[6] "Social Media Fact Sheet", Pew Research Center, April 7, 2021 (disponível em: https://www.pewresearch.org/internet/fact-sheet/social-media/, acesso em 24 ago. 2022).

[...] têm muito menos ciúmes de objetos ou pertences nas mídias sociais do que das experiências holísticas representadas lá, o tipo de coisa que leva as pessoas a comentar *eu quero sua vida*. Essa invejável mistura de lazer e viagens, o acúmulo de animais de estimação e crianças, as paisagens habitadas e os alimentos consumidos não parece apenas desejável, mas equilibrada, satisfeita e intocada pelo *burnout*.[7]

Somos adeptas a postar a boa vida mesmo quando não a sentimos ou não estamos realmente vivendo isso.

Quantas vezes por dia você e eu organizamos nossa vida e estilos de vida? E quantas vezes por dia nossa pressão arterial sobe um pouco porque sentimos que não é suficiente? Então, continuamos nos apressando, continuamos esperando, continuamos mirando aquela imagem perfeita — ou, pelo menos, a *aparência* da imagem perfeita.

Cultura descartável

Enquanto nos esforçamos para alcançar a boa vida e para organizar e transmitir nossas melhores imagens, a vida lenta e intencional é deixada para trás. A pressa requer mais jogar fora do que preservar. A criação de uma marca não pode ser atrapalhada com o que parece menos que perfeito. Em busca dos destaques nos *reels*, qualquer coisa problemática deve ser jogada fora.

---

[7] Anne Helen Petersen, "How Millennials Became the Burnout Generation", *Buzzfeed News*, January 5, 2019 (disponível em: https://www.buzzfeednews.com/article/annehelenpetersen/millennials-burnout-generation-debt-work, acesso em 24 ago. 2022).

A "vida descartável" foi documentada pela primeira vez em um artigo da revista *Life* de 1955, que comemorava o advento de itens descartáveis, os quais reduziam as tarefas domésticas.[8] Tudo, desde pratos de papel a fraldas descartáveis, de cortinas descartáveis até uma "bandeja descartável", é recomendado porque não precisa ser lavado ou cuidado — basta jogar na lata de lixo. Desde então, o termo "sociedade descartável" tem sido usado como um rótulo para nossos hábitos de consumo e criação de resíduos.

Sabemos, pelo contexto histórico do capítulo 2, que 1955 foi logo antes da Revolução Sexual explodir. A urbanização e a tecnologização vinham afetando as famílias americanas há décadas. A vida comunitária diminuía, enquanto a autonomia aumentava. Pratos descartáveis são agora apenas um emblema da conveniência com que os ocidentais se acostumaram desde meados do século passado.

Pule quase setenta anos, e não podemos imaginar viver sem tantas outras conveniências mais modernas, porque o nosso ritmo e ambição exigem isso. Com a onipresença de *smartphones* e Wi-Fi, estamos conectados como nunca antes, mas mais solitários do que nunca. Nossos relacionamentos *online* podem ir até certo ponto, e a cultura da pressa não tem muito tempo para pessoas reais na vida real.

---

8 "Throwaway Living", revista *Life*, August 1, 1955, p. 43-44, Google Books, (disponível em: https://books.google.com.br/books?id=xlYEAAAAMBAJ&printsec=frontcover&dq=throwaway+living&hl=pt-BR&sa=X&ved=2ahUKEwic0pWZmuD5AhVECtQKHfCDB7UQ6AF6BAgEEAI#v=onepage&q=throwaway%20living&f=false, acesso em 24 ago. 2022).

A cultura descartável pode agora ser aplicada muito além dos produtos feitos de papel. Tragicamente, pode ser aplicada à maneira como tratamos as pessoas também.

Da aparência à habilidade ao aborto

Nas mídias sociais, as realidades de uma doença ou de suportar o sofrimento raramente são mostradas. Nossa obsessão com o corpo vai muito além de nossa aparência até o que podemos *fazer*. Quando os corpos não podem fazer o que queremos que eles façam, nós os consideramos (talvez silenciosamente e apenas para nós mesmas) menos valiosos do que aqueles que não são impedidos ou desacelerados pela idade, por doenças ou deficiências.

Nosso foco no que podemos fazer surge quando nos apresentamos a novas pessoas. É assim que nos descrevemos quando nos encontramos pela primeira vez na igreja ou em um jantar. *O que você faz?* Queremos saber. Vemos isso de outras maneiras relativamente inofensivas também: frustração em ficar doente, conflito com a necessidade de oito horas de sono por noite, irritação quando nossas listas de tarefas não estão concluídas. Queremos ser fortes e ativas.

O que *fazemos* nos dá tanta satisfação que facilmente se torna um ídolo. Mas nossa obsessão por habilidade pode se tornar muito sombria rapidamente. Uma devoção subsconsciente a corpos bonitos, normais e plenamente capazes prepara você e eu para estarmos dispostas a rejeitar qualquer coisa — *qualquer um* — inferior.

FEMINILIDADE DISTORCIDA

Nada captura essa realidade cultural melhor do que um anúncio de 2017: "A Islândia está em vias de praticamente eliminar a Síndrome de Down por meio do aborto".[9] Embora a manchete tenha causado alegria entre muitos, isso não é verdade. A Islândia não está eliminando a Síndrome de Down; está eliminando bebês. A Síndrome de Down é vista como menos do que bela, menos do que capaz, menos do que desejável, e a Islândia está liderando os esforços no direcionamento para a morte de bebês no útero que são diagnosticados com uma alta probabilidade de ter essa diferença genética específica. Em toda a Europa e na América do Norte, esses testes e eliminações são agora corriqueiros.

Os médicos usam ultrassons, exames de sangue e a idade da mãe para calcular a probabilidade de um bebê nascer com a síndrome. Os pais decidem, após ouvirem um número — *algo como: seu bebê terá uma chance de um em cem de ter a Síndrome de Down* —, se interrompem a gravidez ou não. Na Islândia, quase 100% dos pais interrompem; na Dinamarca, 98%; na França, 77%; nos Estados Unidos, 67%.[10]

Em 2019, na Dinamarca, apenas dezoito bebês nasceram com Síndrome de Down; onze deles foram falsos negativos e apenas sete eram de casais que decidiram gestar e dar à luz seus bebês com uma relativa alta chance de terem Síndrome de

---

9 *CBSNews* (@CBSNews), Twitter, August 14, 2017 (disponível em: https://twitter.com/CBSNews/status/897254042178650113, acesso em 24 ago. 2022).

10 Julian Quinones e Arijeta Lajka, "'What kind of society do you want to live in?': Inside the Country Where Down Syndrome Is Disappearing", *CBS News*, August 14, 2017 (disponível em: https://www.cbsnews.com/news/down-syndrome-iceland/?intcid=CNM-00-10abd1h, acesso em 24 ago.2022).

Down. Uma mãe dinamarquesa que deu à luz após um falso negativo admitiu: "Teríamos pedido um aborto se soubéssemos".[11] Ela expressa os sentimentos muitas vezes silenciados, no entanto reais, de um número crescente de pais de crianças nascidas com deficiência. Ações judiciais estão aparecendo em todos os Estados Unidos, em que mães processam bancos de esperma e doadores de esperma por características que consideram indesejáveis, que aparecem apenas após o nascimento.

As opções de seleção genética se expandem a cada ano à medida que a tecnologia melhora. O teste genético pré-concepcional está disponível para os pais que usam fertilização *in vitro* (FIV). Depois que o esperma e o óvulo são unidos para formar um embrião, os geneticistas podem testar a presença de genes que transportam tudo, desde fibrose cística a deficiências intelectuais, antes da implantação. "O teste que os clientes continuam pedindo", de acordo com uma empresa de testes em Nova Jersey, "é para autismo. A ciência ainda não chegou lá, mas a demanda já."[12]

Os seres humanos agora têm o poder de determinar que tipo de vidas devem ser trazidas ao mundo e quais devem ser destruídas de antemão. Já vimos isso na Índia e na China, que juntas representam a grande maioria dos 1,2 milhões a 1,5 milhões de nascimentos de meninas a menos estimados anualmente em todo o mundo devido à seleção

---

11 Sarah Zhang, "The Last Children of Down Syndrome", *The Atlantic*, December 2020 (disponível em: https://www.theatlantic.com/magazine/archive/2020/12/the-last-children-of-down-syndrome/616928/, acesso em 24 ago. 2022).

12 Zhang, "The Last Children".

de sexo antes do nascimento.[13] Além disso, a capacidade de editar os genes de um embrião, usando a nova tecnologia CRISPR[14], está se movendo mais rápido do que a ética consensual em todo o mundo.[15]

Os bebês já são produtos e os pais já são compradores que podem pesquisar, gastar e jogar fora em busca dos traços físicos e mentais certos que estão procurando.

Da aparência à habilidade ao suicídio assistido

Esse tipo de tomada de decisão quase divina também está aumentando no outro extremo do espectro da vida. O suicídio assistido ganhou notoriedade nacional em 2014, quando Brittany Maynard, uma jovem de 29 anos com câncer cerebral e um diagnóstico terminal, se mudou da Califórnia para o Oregon a fim de acabar com sua vida sob a "lei da morte com dignidade" daquele estado. Seus publicações explícitas nas mídias sociais destacavam sua vida jovem e vibrante, tendo uma reviravolta tenebrosa com o diagnóstico e as subsequentes convulsões, dores na cabeça e no pescoço, e sintomas semelhantes a derrame. Em 1º de novembro de 2014, ela publicou o seguinte nas mídias sociais pouco antes de ingerir uma dose fatal de barbitúricos:

---

13 "India Accounts for 45.8 Million of the World's 'Missing Females': UN report", *The Economic Times*, June 30, 2020 (disponível em: https://economictimes.indiatimes.com, acesso em 22 set. 2022).

14 N.R.: *Clustered Regularly Interspaced Short Palindromic Repeats*. No Português, sistema de repetições palindrômicas curtas, interespaçadas e regularmente agrupadas, o qual possibilita a edição de um genoma.

15 Para mais informações, veja John Stonestreet, "The Point: Altering Our DNA for Good?", *Breakpoint*, August 1, 2019 (disponível em: https://www.breakpoint.org/the-point-altering-our-dna-for-good/, acesso em 24 ago. 2022).

"Hoje é o dia em que escolhi falecer com dignidade diante da minha doença terminal, esse terrível câncer cerebral que tirou tanto de mim (...) mas teria tirado muito mais".[16]

Vemos nosso forte valor cultural nas palavras da Brittany: a doença e o sofrimento são uma *retirada*, e não uma *contribuição* para alguma coisa. Estar doente, ser menos do que totalmente capaz, enfrentar um futuro de aumento de dor e deficiência são coisas das quais não gostamos. Nós as rejeitamos e queremos acabar com elas antes mesmo de considerarmos aquilo do qual realmente estamos nos livrando.

O suicídio clinicamente assistido atualmente é legalizado em dez estados americanos, mais o Distrito de Columbia. Na maioria dos casos, os pacientes devem ter uma doença terminal e um prognóstico de seis meses ou menos de vida, e então seus médicos podem legalmente prescrever medicamentos para ocasionar a morte deles. No meu próprio estado do Colorado, o suicídio assistido foi legalizado em 2016; em 2019, foram elaboradas 170 receitas de medicamentos para auxiliar na morte, das quais 129 foram efetivadas.[17]

Os oponentes do suicídio clinicamente assistido encontram inúmeras razões contra essa tendência crescente. Aqui estão apenas quatro que vale a pena considerar:

---

[16] Lindsey Bever, "Brittany Maynard, as Promised, Ends Her Life at 29", *The Washington Post*, November 2, 2014 (disponível em: https://www.washingtonpost.com/news/morning-mix/wp/2014/11/02/brittany-maynard-as-promised-ends-her-life-at-29/, acesso em 24 ago. 2022).

[17] "Physician-Assisted Suicide Fast Facts", CNN, May 26, 2022 (disponível em: https://edition.cnn.com/2014/11/26/us/physician-assisted-suicide-fast-facts/index.html, acesso em 25 ago.2022).

- Suicídio assistido rouba pacientes de cuidados compassivos.
- O direito de morrer leva a um dever de morrer.
- Suicídio assistido arruína a relação de confiança nos médicos.
- Às vezes, um diagnóstico terminal está errado.[18]

Muitos livros poderiam ser escritos sobre essas quatro razões apenas; mas no fim das contas, "morte com dignidade" é, na verdade, morte sem, ou com quase nenhuma, dignidade. A "morte com dignidade" descarta a vida muito rapidamente. A morte com dignidade genuína incluiria uma equipe de profissionais compassivos e entes queridos acolhendo o sofredor e procurando maneiras criativas de aliviar sua dor. A equipe faria o trabalho árduo de se aproximar, ficar em observação e permanecer com os doentes para confortar, ouvir e acalmá-los até o seu fim natural, dado por Deus. O desespero é uma tragédia, e também é pecado. Quem somos nós para encorajar o desespero dizendo: "Sim, termine tudo; sua vida não vale a pena ser vivida", quando sabemos que Deus pode trazer beleza das cinzas (Is 61.1-3)?

Uma trágica ironia na velocidade com que o aborto e o suicídio assistido avançam é que a comunidade médica e o público em geral estão agora mais receptivos, empáticos e preparados para ajudar as pessoas com doenças e deficiências a ter

---

18 Brooke B. McIntire, "Is Assisted Suicide Really Compassionate?", *Breakpoint*, July 23, 2020 (disponível em: https://www.breakpoint.org/is-assisted-suicide-compassionate/, acesso em 25 ago.2022).

uma qualidade superior de vida por muito mais tempo. Mas com todo esse progresso filosófico e médico ao nosso alcance, estamos prontos para jogar tudo fora, sem sequer usá-lo. Com cada vez menos sobreviventes com alguma condição (da Síndrome de Down à doença terminal em estágio terminal), essa qualidade de atendimento diminuirá.

Corpos como instrumentos

Quando minhas meninas nasceram, parecia um milagre. Os médicos colocaram seus pequenos corpos no meu peito, e elas abriram os olhos embaçados e piscaram para os meus. Entregá-las ao mundo era sagrado, e todos naquela sala — mesmo os médicos e enfermeiros mais experientes — podiam sentir isso. Havia alegria, felicidade e lágrimas. Acho que ninguém supera a maravilha de uma nova vida, insubstituível e que não se repete.

Que grosseria, então, transformar um corpo maravilhoso em um mero instrumento, "o que significa tratá-lo como uma ferramenta a ser utilizada e controlada, em vez de valorizá-lo pelo que ele é".[19] Essa instrumentalização foi acelerada e reforçada por nossa época movida pela imagem. Contemplamos e criamos imagens de beleza e habilidade repetidamente e descartamos qualquer coisa inferior. As imagens nos entorpecem para a realidade ao nosso redor. Em um nível subconsciente, diariamente ou mesmo a cada hora, reforçamos a ideia de que vidas bonitas e hábeis são as melhores vidas.

---

19 Nancy Pearcey, *Ama teu corpo* (Rio de Janeiro: CPAD, 2020), pos. 524 (*ebook* Kindle).

FEMINILIDADE DISTORCIDA

E os cristãos, que sabem que todos nós temos a imagem de Deus, não estão ilesos. Tony Reinke nos aponta de volta para o teólogo e filósofo da igreja primitiva, Agostinho, que concluiu que as imagens que consumimos não são, como Reinke escreve, "diversão inofensiva; antes, são geladeiras que esfriam os corações cristãos ao condicionarem os espectadores a se tornarem observadores passivos dos conturbados problemas e necessidades daqueles que sofriam no palco".[20]

Cristã, seu coração está frio? Você é uma observadora passiva de situações conturbadas? Que tipo de vida você busca? Que tipo de vida você protege?

Almas corporificadas

Uma reação à objetificação dos corpos pode se transformar em uma reação contra os próprios corpos. *Esta é apenas uma casca que eu vou deixar para trás um dia*, nós pensamos. Mas corpos são bons, e nós somos infinitamente mais do que instrumentos. Quando meu pastor-marido fica na frente de nossa igreja no final de cada culto aos domingos para dar a bênção, ele convida a congregação a se levantar e diz: "Reconhecendo que somos almas corporificadas, você poderia estender suas mãos para receber a bênção?". É um pequeno gesto, mas é um lembrete semanal, de que o que acontece com o corpo, acontece com a alma. Somos seres humanos integrais — tanto o corpo quanto a alma estão presentes e são preciosos.

---

[20] Reinke, *A guerra dos espetáculos*, p. 84.

Obcecadas: corpos, beleza e habilidade

Quando Deus soprou vida nas narinas de Adão, o primeiro homem se tornou vivo não apenas fisicamente, mas mental e espiritualmente também. Nós, "seres humanos, somos seres integrados [...], almas encarnadas e altamente desenvolvidas".[21] A Bíblia ensina que a alma e o corpo humanos são inseparáveis.

Vemos o valor duradouro que Deus dá aos corpos humanos desde o início. Ele fez o homem à sua imagem, mas em um corpo humano. O plano todo era que Deus habitasse conosco, em forma humana, na pessoa de Jesus, o qual vestiu-se de carne e veio, no ventre de Maria, como um bebê para nascer em uma manjedoura humilde. Emanuel, Deus conosco, Deus em carne e osso. A ressurreição de Jesus também é uma afirmação do corpo. Sua ressurreição é um precursor da nossa. O clímax da história de Deus em Apocalipse 21 e 22 nos diz que todo o povo de Deus, em corpos ressurretos, habitará com ele, e ele com seu povo, por toda a eternidade.

A Bíblia tem uma visão elevada das almas e corpos humanos, integrados, revelando a imagem de Deus para um mundo que observa. Cada corpo humano é inestimável, porque cada um carrega uma alma, cada um é *imago Dei*, cada um foi criado muito bom.

Nem animal, nem divino

Como já dissemos antes, o bem-estar humano requer harmonia com a realidade. Enquanto caminhamos na verdade sobre nossos corpos, devemos evitar duas armadilhas comuns

---

[21] Douglas Groothuis, *Christian Apologetics: A Comprehensive Case for Biblical Faith* (Downers Grove, IL: InterVarsity Press, 2011), p. 86.

encontradas no pensamento secular. Não somos nem animais evoluídos inconsequentes nem seres sobrenaturais. Somos filhos de Deus, inseridos na criação.[22]

Na primeira armadilha, vemos nossos corpos como aglomerados de células a serem eliminadas quando necessário. Passamos por mutações até aqui por acaso, diz essa visão; então nosso bem maior é sentir prazer. Portanto, se sentirmos dor, não há problema em acabar com tudo. Na segunda armadilha, nós hesitamos em nossas limitações e finitude e procuramos ser nosso próprio deus, criar nosso próprio eu, forjar nosso próprio destino.

Não somos animais evoluídos nem seres divinos. Somos almas encarnadas formadas por um grande e onipotente Deus. Dois salmos do rei Davi lançam luz sobre essa verdade crucial. Ele diz sobre Deus: "Pois tu formaste o meu interior, tu me teceste no seio de minha mãe" (Sl. 139.13). E maravilhado com toda a Criação, ele diz: "Que é o homem, que dele te lembres? [...] Fizeste-o, no entanto, por um pouco, menor do que Deus e de glória e de honra o coroaste. Deste-lhe domínio sobre as obras da tua mão" (Sl 8.4-6). Não somos divinos, mas tampouco somos meros animais.

Nossos corpos são dádivas projetadas por um Deus bom e soberano, que faz coisas belas. Devemos cuidar, proteger e valorizar todo e qualquer corpo humano, toda e qualquer vida humana. Nossa convicção como filhos de Deus é que essas vidas não são nossas, mas pertencem, corpo e alma, ao Criador.

---

22 Groothuis, *Christian Apologetics*, p. 389.

A vida é uma dádiva a ser cuidada, não manipulada, explorada ou descartada como o mundo achar melhor.

Mudando a esperança

Como cultura, estamos em um país distante, obcecadas com o corpo e contando com ele para nos entregar poder e satisfação através da beleza e da habilidade. Mas, voltando ao ponto de minha mãe quando eu era uma menina, esse corpo não é uma garantia. Ele pode ser perdido. Na verdade, viver em um mundo pós-Gênesis 3 significa que ele definitivamente será perdido — se não em uma calamidade repentina, então ao longo do tempo. Devemos acordar para a realidade, como o filho pródigo, e admitir que pecamos contra o céu e diante de Deus (Lc 15.17-18).

O apóstolo Paulo diz que exteriormente estamos definhando, mas há esperança porque "o nosso homem interior se renova de dia em dia" (2Co 4.16). Diariamente, experimentamos a dolorosa realidade de que nossos corpos atuais definham por fora, mas temos esperança, porque nosso Deus eterno nos renova por dentro.

Nossos corpos não podem suportar o peso que os valores mundanos querem que eles ofereçam. Se recorremos a eles em busca de significado, sentido e segurança, ficaremos desapontadas e até devastadas. Não fomos feitas para fixar nossos olhos em nós mesmas ou uns nos outros, seja na vida real ou *online*. Fomos feitas para fixar nossos olhos em Jesus, o autor e consumador de nossa fé (Hb 12.2). *Espera em Deus*, como diz o salmista (Sl 42.5,11).

FEMINILIDADE DISTORCIDA

O coração da beleza

Então, o que poderia ser, na prática, colocar nossa esperança em Deus e não em nossa própria aparência e habilidades? Como podemos realmente aplicar isso na vida real? A beleza externa é complicada, porque é algo para o qual voltamos sempre que olhamos no espelho do banheiro. É algo que parece valer pelo menos algum tempo, esforço e dinheiro. Mas então, com a mesma rapidez, ela parece algo errado e ímpio, ou um desperdício. É difícil saber exatamente o que os seguidores de Cristo devem buscar aqui.

Como é sempre o caso na caminhada cristã, o coração é que importa. O Senhor disse ao profeta Samuel: "O Senhor não vê como vê o homem. O homem vê o exterior, porém o Senhor, o coração" (1Sm 16.7). Do coração flui a vida (Pv 4.23).

O próprio Deus é belo, e ele mesmo é o criador da beleza. As montanhas, os mares e as cores da criação são belíssimos, de tirar o fôlego. Deus não se opõe à beleza exterior — ele a cria! E nós, criados à imagem de Deus, amamos contemplar a beleza também. Nós suspiramos, exclamamos e experimentamos rejuvenescimento em belos contextos. Portanto, a busca da beleza exterior não é errada ou pecaminosa quando está fundamentada no coração certo.

O apóstolo Pedro dá instruções específicas aqui quando diz: "Não seja o adorno da esposa o que é exterior, como frisado de cabelos, adereços de ouro, aparato de vestuário; seja, porém, o homem interior do coração, unido ao incorruptível trajo de um espírito manso e tranquilo, que é de grande valor diante de Deus" (1Pe 3.3-4). Pedro nos adverte a não colocar nossa esperança em nossos cabelos, joias ou roupas — coisas que passam, coisas que comunicam *status* mundano. Pelo contrário, esperemos no que é imperecível, no que não é deste mundo. Que tenhamos corações centrados no Deus que não passa. Que sejamos mansas e tranquilas — sem nos preocupar ou desesperar — porque confiamos em Cristo Jesus acima de tudo. Embora sejamos certamente livres para usufruí-lo, você e eu não devemos depender do adorno exterior, porque já temos uma identidade imutável e interior em Cristo somente.

Paulo diz a Timóteo que as mulheres devem adornar-se com o que "é próprio às mulheres que professam ser piedosas" (1Tm 2.10). As perguntas que a mulher cristã deve considerar são: Será que a minha aparência exterior professa piedade? Ela reflete meu coração interior? Será que a minha esperança em Deus é evidenciada?

Que estejamos tão seguras em Jesus, tão gratas por termos sido transportadas do império das trevas para o reino do Filho amado (Cl 1.13), que isso apareça. Que nossa ênfase em nossa aparência externa permaneça em seu lugar de direito — não o objeto de nossa esperança, mas uma expressão das criaturas únicas e inatas que já somos. Que sejamos libertas do padrão de beleza do mundo e nos comprometamos com o padrão de beleza de Deus. É claro, use maquiagem, joias e roupas bonitas. Mas não as deixe silenciar Cristo em você, a esperança da glória (Cl 1.27). Que nossa aparência exterior revele que descansamos e nos alegramos em um Salvador ressurreto e não mais nos apressamos em confiar em nós mesmas.

FEMINILIDADE DISTORCIDA

Quem é capaz?

Assim como a busca da beleza não é errada quando está devidamente fundamentada na esperança em Deus, também não é errado buscar suas habilidades. Na verdade, é errado *não* fazer isso. Somos feitos por Deus e para Deus (Cl 1.16). Somos chamados a usar nossos corpos para sua glória (1Co 6.20).

Quando levo minhas filhas à escola de manhã, oramos no caminho. A oração de cada dia possui uma estrutura semelhante. Peço constantemente ao Senhor que as ajude e lhes mostre como administrar seus dias, suas habilidades e seus recursos apenas para sua glória. Agradeço-lhe porque a identidade delas não depende de conseguirem entrar para o time, atuarem na peça ou tirarem uma nota alta, porque a identidade delas já está para sempre segura na pessoa e obra de Jesus. Mesmo que minhas orações soem como um disco arranhado, acho que vale a pena repetir, pois sei que elas ouvirão exatamente o oposto o dia todo. Seus professores, treinadores e amigos comunicarão direta ou indiretamente que seu valor está no que elas podem fazer. E isso simplesmente não é verdade.

A grandeza no reino de Deus é o oposto da grandeza no nosso. Jesus surpreendentemente, até mesmo escandalosamente, disse: "Deixai vir a mim os pequeninos, não os embaraceis, porque dos tais é o reino de Deus. Em verdade vos digo: Quem não receber o reino de Deus como uma criança de maneira nenhuma entrará nele. Então, tomando-as nos braços e impondo-lhes as mãos, as abençoava" (Mc 10.14-16). Jesus disse até mesmo: "Aquele que se humilhar como esta criança, esse é o maior no reino dos céus" (Mt 18.4).

O mundo nos diz para confiar em nós mesmas, para tentar o nosso melhor, para colocar nossa esperança em nossas próprias habilidades. Mas quando nos aproximamos de Deus, Jesus diz que devemos ser como crianças: fracas, vulneráveis e confiantes.

Na visão de Deus, os últimos serão os primeiros (Mt 20.16). Os pobres de espírito são abençoados e os mansos herdam a terra (veja as bem-aventuranças em Mt 5.1-12). Somos chamados a nos gloriar apenas em nossas fraquezas, porque a graça de Deus é suficiente e seu poder é aperfeiçoado em nossa fraqueza (2Co 12.9). Como Paulo diz: "Sinto prazer nas fraquezas, nas injúrias, nas necessidades, nas perseguições, nas angústias, por amor de Cristo. Porque, quando sou fraco, então, é que sou forte" (2Co 12.10).

A mulher que é verdadeiramente capaz confia somente em Cristo.

A vida verdadeiramente bela e produtiva

Todos — não apenas meninas — perguntam: "Eu estou bonita(o)?". Todos queremos saber se somos vistos, valorizados e apreciados. A resposta do mundo a essa pergunta, no entanto, está enraizada em padrões que são muito baixos, muito temporários, muito abaláveis.

O corpo é bom e feito por Deus. Beleza e habilidades são dádivas. Mas essas coisas não são definitivas. Elas nos são dadas para cuidarmos, para que conheçamos a Deus e o tornemos conhecido.

FEMINILIDADE DISTORCIDA

É difícil pensar em uma mulher que faz isso melhor do que a famosa autora, palestrante e advogada Joni Eareckson Tada. Joni ficou tetraplégica há mais de 50 anos como resultado de um trágico acidente de mergulho quando tinha apenas dezessete anos. Ela repete frequentemente a sabedoria que um amigo compartilhou com ela décadas atrás: "Deus permite o que ele odeia para realizar o que ele ama [...]. Deus odeia a lesão da medula espinhal, mas permitiu isso por causa de Cristo em você — assim como em outros".[23]

O mundo faz promessas vazias através da beleza e habilidade externas. Mas você e eu fomos feitas para muito mais. A vida verdadeiramente bela, verdadeiramente produtiva, é aquela que carrega Cristo e põe em evidência a sua bondade. E isso muitas vezes decorre do sofrimento, das provações e perseguições, da rejeição e da doença. Joni diz: "O processo é difícil, mas a aflição não é um estraga-prazeres; eu não acho que você poderia encontrar um seguidor de Jesus mais feliz do que eu [...]. Deus compartilha sua alegria apenas em seus termos, e esses termos nos chamam a sofrer, em certa medida, como seu Filho. Fico feliz em aceitar isso".[24]

Que fiquemos felizes em tomar a vida, o corpo, a beleza e as habilidades que Deus dá — para o nosso bem e para a sua glória.

---

[23] Joni Eareckson Tada, "Reflections on the 50th Anniversary of My Diving Accident", *The Gospel Coalition*, July 30, 2017 (disponível em: https://www.thegospelcoalition.org/article/reflections-on-50th-anniversary-of-my-diving-accident/, acesso em 25 ago. 2022).

[24] Eareckson Tada, "Reflections on the 50th Anniversary of My Diving Accident".

Obcecadas: corpos, beleza e habilidade

Questões para discussão

1. Qual é a sua história de infância com beleza e habilidade externas? Por exemplo, você foi moldada por um determinado evento ou valor familiar, ou você tem uma história como a minha, em que minha mãe disse: "Não coloque muita esperança em sua beleza. Você poderia sofrer um acidente de carro hoje que desfiguraria seu rosto para sempre, e então o que você faria?".
2. De que maneira você acha que as mídias sociais estão discipulando você?
3. Conhece alguém com Síndrome de Down ou alguém que tenha um filho com essa síndrome? O que você acha do crescente impulso do nosso mundo para eliminar bebês com deficiências? O que acha de suicídio clinicamente assistido? Onde essas questões surgem em sua própria vida e como você pode ser uma defensora da vida em vez da morte em sua própria comunidade?
4. Você já pensou que os corpos são apenas uma casca e não são realmente importantes? O que você acha sobre a verdade de que somos almas corporificadas?
5. É possível buscar beleza e habilidades externas de uma maneira que honre a Deus? Como isso pode acontecer? Que passos realmente práticos você pode dar para fazer isso de forma mais consistente em sua própria vida?
6. Leia as bem-aventuranças no Sermão do Monte, em Mateus 5.1-12, e reflita sobre como os caminhos de Deus são tão frequentemente diferentes dos caminhos do mundo. Leia

FEMINILIDADE DISTORCIDA

também Mateus 5.13-16 e discuta como é possível ser "sal e luz" e uma "cidade sobre um monte" em seu contexto. Encerre orando e pedindo a Deus que renove sua mente nas áreas da beleza e habilidades externas.

Capítulo 5
Vendendo-se por sexo barato

Mark e eu nos casamos na mesma época em que os programas *The Bachelor* e *The Bachelorette* estrearam. A menos que você viva em uma caverna, sabe o que são esses *reality shows*. Um único rapaz ou garota se envolve em várias opções românticas, vários encontros sexuais, vários cenários exóticos e eróticos e, em seguida, escolhe um cônjuge de um grupo de vinte e cinco pretendentes no episódio final da temporada.

Os programas foram considerados o principal *guilty pleasure*[1] dos americanos. Mesmo que pareçam loucos, encenados ou apenas totalmente carnais, as pessoas adoram assistir. Os espectadores provavelmente pensam *eu nunca faria isso*, enquanto se empolgam ao assistir a estranhos na tela tentarem. Ambos os *shows* têm sido altamente avaliados por duas décadas.

The Bachelor e *The Bachelorette* exploram nossa narrativa cultural que diz que experimentar, namorar por aí e mergulhar em inúmeras opções sexuais são o caminho para a autodescoberta. Esse era definitivamente o consenso cultural quando Mark e eu ficamos noivos e nos casamos. Fomos os primeiros entre nossos amigos a subir ao altar, e ambos viemos de longas

---
1 N.T.: Expressão coloquial, na língua inglesa, para designar algo que uma pessoa gosta, mas tem vergonha de admitir.

linhagens de divórcio. A monogamia parecia arriscada ou uma grande tolice para a maioria das pessoas em nosso meio. Admito que eu mesma tive que lutar contra essa visão. Nosso primeiro ano de namoro foi difícil, porque tive dificuldade em superar a ideia de que, para me encontrar, eu precisava namorar muito mais caras no meu *campus* universitário. Todo mundo dizia que é assim que você cresce, como você se torna a mulher que você está destinada a ser. Era difícil discordar de pais, treinadores, professores, mentores e amigos dizendo a mesma coisa.

O culto ao sexo de nossa cultura sequer precisa ser extrapolado aqui. Você já sabe que ele está em todo lugar. Como um letreiro de *neon* em Las Vegas, a promessa vazia mais eloquente da nossa época proclama que *a boa vida é encontrada em sua vida sexual*.

Nós inconscientemente abraçamos o sexo como nosso bem maior porque as melhores dádivas de Deus são as que se tornam os ídolos mais atraentes.

Em vez de simplesmente recebermos boas dádivas do doador da vida, nós recorremos a elas para nos *darem* vida. Como os romanos repreendidos por Paulo, acabamos adorando e servindo a coisa criada ao invés de o Criador (Rm 1.25).

Não mais *em* sexo, mas mais *sobre* o sexo

Não precisamos pensar mais *em* sexo; precisamos pensar mais *sobre o* sexo. Estamos convencidas de que mais sexo é aquilo de que precisamos, porque é uma dádiva muito boa. Mas, ao fazer isso, diminuímos seus benefícios e o arruinamos, pedindo que ele dê o que somente Deus pode dar.

Não valorizamos o sexo *o suficiente*. Ao buscar a euforia do sexo fora de seu lugar adequado, buscamos todos os tipos de atalhos desastrosos, como a sexualização prematura de todos (especialmente meninas), mensagens sensuais, pornografia, sexo casual, sexo solo e a lista poderia seguir. Queremos todos os benefícios de algo bom e duramente conquistado sem nos esforçarmos para isso.

Mas a gratificação instantânea é um impostor e um mentiroso, especialmente aqui.

Nós nos vendemos por sexo barato, e isso nos deixou sentindo-nos vazias. Neste capítulo, vamos confrontar esse ídolo de nossa época e depois voltaremos para o bom desígnio e propósito de Deus. Com a ajuda dele, vamos erguer os olhos para cima e para fora desta paisagem manchada; vamos olhar para o projeto dele, que realmente gera alegria e é para o nosso mais profundo bem.

Sexualização subconsciente

As imagens são autoritativas, pois moldam nossos pensamentos subconscientes. Edward Bernays, conhecido como o pai das relações públicas e também sobrinho de Sigmund Freud, testou essa realidade em uma campanha publicitária da década de 1920 para a American Tobacco Company. Eles queriam aumentar as vendas para as mulheres, que eram principalmente fumantes secretas, porque isso era algo estigmatizado na época. Depois de uma consulta ao seu tio psicanalista, Bernays entendeu que deveria vincular o tabagismo a algo maior — a um ideal.

FEMINILIDADE DISTORCIDA

Bernays contratou jovens debutantes para "fumar cigarros enquanto passeavam no desfile anual de domingo de Páscoa na Quinta Avenida, em Nova Iorque".[2] As jovens fumantes foram fotografadas pelo *The New York Times* e, quando entrevistadas, disseram que seus cigarros eram "'tochas da liberdade' que estavam 'iluminando o caminho para o dia em que as mulheres fumariam na rua tão casualmente quanto os homens'".[3] O público internalizou a mensagem clara: fumar significa juventude, beleza e igualdade com os homens. As vendas de cigarros dispararam. Sexo vende.

Em *American girls: social media and the secret lives of teenagers* [Garotas americanas: mídias sociais e a vida secreta de adolescentes], a autora e jornalista Nancy Jo Sales diz que, embora a maioria das adolescentes e meninas fiquem *online* muitas horas por dia, o "mundo *online* não é a tela da diversão inocente que muitos pais acreditam que seja. É um mundo hipersexualizado no qual a validação, a aceitação e o valor estão inexoravelmente ligados ao apelo e ao apetite sexual"[4]. Uma garota de treze anos, que Sales entrevistou, disse: "Ninguém se importa mais em ser inteligente. Se você for bonita, todos vão amar você".[5]

É aí que meu instinto materno começa a disparar. Todas as mulheres que conheço podem dizer algo de como foram

---

2 Robert McNamara, "Edward Bernays, Father of Public Relations and Propaganda", *ThoughtCo.*, May 1, 2019 (disponível em: https://www.thoughtco.com/edward-bernays-4685459, acesso em 30 ago. 2022).

3 McNamara, "Edward Bernays".

4 Jaquelle Crowe Ferris, "American Girls and Their Social Media Lives", *The Gospel Coalition*, March 25, 2016 (disponível em: https://www.thegospelcoalition.org/reviews/american-girls/, acesso em 30 ago. 2022).

5 Crowe Ferris, "American Girls".

condicionadas sexualmente, e odeio que essa seja a realidade das minhas filhas também. Ser uma menina que cresceu no Ocidente é ser, aos sete anos, questionada se você tem um namorado. É percorrer o shopping e absorver fotos enormes retratando meninas quase pré-adolescentes com lábios carnudos e olhos desejosos. É temer chegar aos seus vinte anos e dizer *"nunca fui beijada"*, como no filme estrelado por Drew Barrymore. É ter apenas doze ou treze anos e ouvir os meninos em sua escola classificar o tamanho dos seus seios e sua atratividade.[6] Ser uma garota que cresceu no Ocidente é ser condicionada repetidamente a acreditar que sua sexualidade é a coisa mais importante em você.

Dupla vitimização

Esse condicionamento cultural é a primeira de duas vitimizações que mulheres e meninas enfrentam. Depois que o primeiro é realizado, o segundo pode vir facilmente em seguida. Uma vez que uma garota acredita que seu maior bem é ser *sexy* ou fazer sexo, ela está totalmente disposta a se entregar a conversas sensuais, se envolver com predadores elogiosos *online* ou ceder e iniciar atos sexuais fora de seu contexto apropriado.

Enquanto a primeira vitimização acontece com a mente e o coração de uma garota, a segunda vitimização acontece com seu corpo.

---

6 Samantha Schmidt e Teddy Amenabar, "Teen Boys Rated Their Female Classmates. Readers Responded by Sharing Their Own Stories," The Washington Post, March 27, 2019 (disponível em: https://www.washingtonpost.com/lifestyle/2019/03/27/teen-boys-rated-their-female-classmates-readers-responded-by-sharing-their-own-stories/, acesso em 30 ago. 2022).

FEMINILIDADE DISTORCIDA

A segunda vitimização pode ser inconfundível, como no caso de uma agressão ou estupro. Muitas vezes é ambígua, como quando uma garota sai de um encontro questionando o que acabou de acontecer; ela não tem certeza, mas sabe que, no fundo, não quis aquilo nem gostou do que aconteceu. O movimento #MeToo revela que muitas mulheres e meninas estão agora confrontando a hipersexualização a que foram submetidas por toda a vida. A socióloga e autora Mary Eberstadt diz: "Essas vítimas são tão vulneráveis socialmente que nem sabiam se defender — *até que um movimento internacional lhes deu permissão para fazê-lo*".[7]

A primeira vitimização foi tão abrangente e completa que poucas meninas são ensinadas a dizer não aos cenários da segunda vitimização e seguir um caminho diferente na vida. Poucas meninas sabem que valem mais, que valem o compromisso e o cuidado, e que valem mais do que serem consumidas.

Atraente ou não

A sexualização prejudicial das meninas não é um problema distante acontecendo com *aquelas pessoas lá longe*. Está em toda parte, e tem causado repetidos danos na minha própria comunidade. Minhas quatro filhas frequentaram todo tipo de escola imaginável tanto nos Estados Unidos quanto no exterior: pública, privada, estrangeira, do tipo internato e ensino domiciliar. Em todos os contextos (crianças em escolas cristãs e comunidades de educação domiciliar *não* estão imunes),

---

[7] Mary Eberstadt, *Primal Screams: How the Sexual Revolution Created Identity Politics* (West Conshohocken, Templeton Press, 2019), p. 98.

observamos todos os tipos de sexualização prejudicial. Vimos de tudo, desde a criação de uma conta no Instagram para avaliar as meninas em uma de nossas escolas até meninos enviando fotos nuas de si mesmos e solicitando fotos nuas de meninas que nós pessoalmente conhecemos e valorizamos. Novamente, não são crianças em algum lugar distante, mas crianças dentro do nosso próprio contexto cristão próximo.

Em *American girls*, Sales documenta como as meninas respondem aos pedidos de fotos nuas. Algumas se sentem lisonjeadas e acham que os meninos realmente gostam delas, e por isso cedem. Algumas são ameaçadas de serem envergonhadas em público, então fornecem as fotos sob pressão. Elas muitas vezes acreditam nos meninos quando eles dizem que as fotos não serão compartilhadas além de seus próprios telefones. Mas quase nunca é o que acontece. As fotos se espalham com a tenacidade de um incêndio florestal em solo seco, prejudicando significativamente todas as vidas em seu caminho.

Um estudo recente da *American Psychological Association* [Associação Americana de Psicologia] conclui, sem surpresa, que a sexualização afeta negativamente a capacidade das meninas de se concentrar e pensar profundamente na escola; a saúde mental delas está sofrendo um impacto, elas estão experimentando efeitos colaterais físicos negativos e estão desenvolvendo ideias prejudiciais e falsas sobre seus corpos, sexualidade e sexo.[8]

---

8 "Report of the APA Task Force on the Sexualization of Girls", American Psychological Association, 2008, (disponível em: https://www.apa.org/pi/women/programs/girls/report, acesso em 30 ago. 2022).

FEMINILIDADE DISTORCIDA

A batalha pelo bem-estar de nossas meninas é real, pois os adolescentes consomem *nove horas* de mídia de entretenimento (não inclui mídia relacionada à educação) por dia e os pré-adolescentes, seis horas.[9] As mulheres mais seguidas no Instagram incluem Ariana Grande, Kim Kardashian, Beyoncé, Jennifer Lopez, Nicki Minaj, Miley Cyrus e Katy Perry.[10] Nossas meninas gastam muito tempo mergulhando em imagens sexualizadas de mulheres que elas admiram e querem imitar. Não estou sugerindo permitir que elas sigam apenas contas de lojas de roupas recatadas, com gola alta e trajes de banho totalmente cobertos, mas nós temos que enfrentar a realidade de que nove horas por dia de consumo de mídia estão disciplinando nossas adolescentes (e provavelmente a nós também).

O problema da pornografia

A pornografia tornou-se uma grande preocupação de saúde pública nos últimos anos, e não apenas por causa do que ela faz com as pessoas exploradas (o que é óbvio e bem documentado), mas também por causa do que ela está fazendo com os consumidores. O problema da pornografia começa com a sexualização de meninas (e meninos também, é claro, mas eu posso cobrir apenas até certo ponto), e sua base é a dupla

---

9 Michael Robb, "Tweens, Teens, and Screens: What Our New Research Uncovers", *Common Sense Media*, November 2, 2015 (disponível em: https://www.commonsensemedia.org/kids-action/articles/tweens-teens-and-screens-what-our-new-research-uncovers, acesso em 30 ago. 2022)

10 Joshua Boyd, "The Top 20 Most Followed Instagram Accounts" *Brandwatch* (blog), November 14, 2021 (disponível em: https://www.brandwatch.com/blog/top-most-instagram-followers/, acesso em 30 ago. 2022)

vitimização que descrevo acima. Estamos aliciando as mais jovens de nossas meninas a acreditarem que seu valor está contido em sua sensualidade.

A pornografia explora os dois lados da tela.

Uma organização não religiosa, não governamental e sem fins lucrativos chamada *Fight the New Drug* [Lute contra a nova droga] diz que a pornografia danifica o cérebro, o coração e, na verdade, o mundo inteiro.[11] Os consumidores de pornografia sofrem de maiores índices de depressão, ansiedade e estresse, redução das funções cognitivas, menor satisfação com seus parceiros sexuais, diminuição da capacidade sexual, aumento das atitudes negativas em relação às mulheres, diminuição da empatia pelas vítimas de violência sexual, aumento dos comportamentos dominantes e agressivos, além de aumento das fantasias violentas e do comportamento violento real.[12]

Vários estudos nos últimos anos descobriram que uma em cada três mulheres consome pornografia pelo menos uma vez por semana e cerca de um terço a mais consome algumas vezes por mês.[13] Um estudo conclui: "A excitação sexual no nível neural não é diferente entre homens e mulheres",[14] significando que as mulheres correm o risco de se tornarem viciadas

---

11 Página inicial, *Fight the New Drug* (disponível em: https://fightthenewdrug.org, acesso em 30 ago. 2022).
12 *Fight the New Drug* (disponível em: https://fightthenewdrug.org/get-the-facts/, acesso em 30 ago. 2022)
13 "Survey Finds More Than 1 in 3 Women Watch Porn at least Once a Week", *Fight the New Drug*, February 20, 2020 (disponível em: https://fightthenewdrug.org/).
14 "Survey Finds", (disponível em: https://fightthenewdrug.org/).

em pornografia tanto quanto os homens, desfazendo gerações de estereótipos de gênero.

As mulheres não são apenas feridas por serem usadas para fazer pornografia, mas mais do que nunca são feridas por assistir a ela.

Amiga, se esse é o seu caso, saiba que há ajuda e esperança. Em meu papel no ministério feminino, muitas mulheres vieram até mim para confessar que assistiram a pornografia, ficaram viciadas em pornografia ou se tornaram viciadas em sexo solo. Embora historicamente falar sobre esses fatores seja tabu, eles têm estado historicamente presentes (com um aumento notável nas últimas duas décadas). Ellen Mary Dykas, que trabalha com a Harvest USA, um ministério focado em sexualidade centrada no evangelho, diz: "Todas as mulheres estão experimentando o impacto da queda em sua sexualidade. Nossos desejos tornaram-se desordenados, e nossas mentes precisam de transformação. Nossos corações precisam de uma reorientação radical em direção a Cristo, que nos chamou para viver plenamente para ele e não para nós mesmos".[15] Se a pornografia for um desafio para você, procure o cuidado de uma comunidade que expresse graça e verdade para você, e que também forneça prestação de contas real.

E se você é uma mulher ou menina que foi sexualmente agredida, abusada ou usada, saiba que há ajuda e esperança para você também. Eu tenho caminhado por anos com algumas mulheres que sobreviveram a tais males, e embora muitas

---

15 Gloria Furman e Kathleen Nielson (eds.), *Ministério de mulheres: amando e servindo a igreja por meio da Palavra* (São José dos Campos: Fiel, 2016), p. 220–221.

vezes sejam traumas potencialmente mortais, não é impossível repará-los com a ajuda de Deus. Eu me compadeço de você, e assim também faz o nosso Deus, que reconcilia *todas as coisas* pelo sangue da sua cruz (Cl 1.20). Por favor, procure imediatamente a ajuda de uma conselheira cristã de confiança, de um grupo de apoio e de amigos que oferecem vida. Você não está fadada a buscar a cura sozinha, e há mulheres treinadas que estão prontas para ajudar.

Ficando, mais ou menos

Antigamente, se você quisesse ter um encontro sexual — uma "ficada" — geralmente você tinha que sair e encontrar alguém em uma festa da faculdade, uma noitada ou em algum outro lugar. Esse já não é mais o caso. Arrumar um encontro casual nunca foi tão eficiente e fácil quanto hoje. Adolescentes, jovens adultos e até mesmo os de meia-idade e aposentados (é verdade, existem vários aplicativos apenas para pessoas com mais de sessenta e cinco anos), cada vez mais se encontram *online*, arrastam para a direita e trocam informações suficientes para encontrar um momento e um lugar para ter um encontro sexual.

Com mais de 50 milhões de perfis ativos do Tinder, 30 bilhões de combinações aconteceram apenas nesse aplicativo. E há mais de 1.500 outros aplicativos de namoro disponíveis para *download*.[16] É claro que nem todos eles se destinam a levar apenas a um encontro sexual isolado,

---

16 Terry Stancheva, "How Many People Are on Tinder in 2022?", *TechJury* (blog), June 3, 2022 (disponível em: https://techjury.net/blog/tinder-statistics/, acesso em 30 ago. 2022).

mas alguns dos mais populares são para isso. A maioria dos *millennials*, e com certeza aqueles que compõem a geração Z ou iGen (pessoas nascidas a partir de meados da década de 1990 até meados da década de 2010), preferem se comunicar com uma tela do que com um humano real. "Nós ficamos, porque não temos habilidades sociais. Não temos habilidades sociais, porque ficamos", disse um estudante universitário.[17] Negociar sexo via aplicativo leva menos tempo, menos traquejo social, menos mistério, menos dinheiro, menos investimento emocional — menos tudo, na verdade, se um encontro físico é o que você procura.

As desvantagens são previsíveis: muitas mulheres relatam suportar sexo doloroso, até violento e confusamente não consensual como resultado desses encontros.[18] Outras relatam que precisam ficar muito bêbadas para suportar o constrangimento de tudo isso, e há um consenso geral entre os jovens de que nenhum relacionamento ou mesmo conversa deve ser esperado para além ou como resultado do encontro.[19]

A pesquisa mais recente, no entanto, é provavelmente algo que você não imaginava. Adolescentes e jovens adultos agora fazem *menos* sexo, não *mais*, do que as gerações anteriores. Chamada de recessão sexual, a porcentagem de estudantes do ensino médio que fizeram sexo caiu de 54% para 40% de

---

17 Kate Julian, "Why Are Young People Having So Little Sex?", *The Atlantic*, December 2018 (disponível em: https://www.theatlantic.com/magazine/archive/2018/12/the-sex-recession/573949/, acesso em 30 ago. 2022).

18 Julian, "Why Are Young People Having So Little Sex?".

19 Nancy Pearcey, *Love Thy Body* (Grand Rapids, MI: Baker, 2018), p. 119–20 [em português: *Ama teu corpo* (Rio de Janeiro: CPAD, 2020)].

Vendendo-se por sexo barato

1991 a 2017.[20] A geração Z está em vias de ter menos parceiros sexuais do que a geração X e os *baby boomers*.[21]

A resposta imediata de todos à recessão sexual é: *Bom! Não é isso que todos nós queremos?* Com certeza, menos sexo ilícito é uma coisa boa. Mas a realidade por trás de menos sexo não são atitudes mais saudáveis e maduras em relação ao sexo. Em vez disso, é uma nova versão da busca de satisfazer a luxúria egoísta.[22] Estamos nos tornando tão movidos por desejos egoístas e autossatisfação, tão consumidos com autonomia individual em vez de bem comum, que o ato real do sexo pode em breve ser antiquado. Como eu disse, nossa cultura não precisa pensar mais *em* sexo, precisamos pensar mais *sobre* o sexo.

A maioria de nós nunca aprendeu a glória, a maravilha e a alegria do propósito de Deus para a nossa sexualidade. Suspeitamos que seu projeto é antiquado e opressivo. Achamos que ele está escondendo algo de nós, um desmancha-prazeres cósmico. Presumimos que o mundo sabe o que é melhor.

Somos almas encarnadas e, portanto, nossas vidas sexuais são nossas vidas espirituais. Ao nos contentarmos com

---

20 "Trends in the Prevalence of Sexual Behaviors and HIV Testing National YRBS: 1991— 2015", *Center for Disease Control*, Division of Adolescent and School Health (disponível em: https://www.cdc.gov/healthyyouth/data/yrbs/pdf/trends/2015_us_sexual_trend_yrbs.pdf, acesso em 30 ago. 2022).

21 Jean M. Twenge, "Have Smartphones Destroyed a Generation?" *The Atlantic*, September 2017 (disponível em: https://www.theatlantic.com/magazine/archive/2017/09/has-the-smartphone-destroyed-a-generation/534198/, acesso em 30 ago. 2022).

22 Carl Trueman, *The Rise and Triumph of the Modern Self: Cultural Amnesia, Expressive Individualism, and the Road to the Sexual Revolution* (Wheaton, IL: Crossway, 2020), p. 291.

a visão do mundo sobre sexo, prejudicamos a nós mesmas e uns aos outros. Estamos dispostas a confiar no Senhor e em seu propósito?

Primeiro, um alerta sobre abuso

Antes de mergulharmos no projeto de Deus para o sexo e o casamento, quero reconhecer, com compaixão e clareza, que "em média, mais de um terço das mulheres nos EUA sofrerão estupro, violência física e/ou perseguição por um parceiro íntimo".[23] O abuso no casamento e nos relacionamentos íntimos é uma realidade desoladora e horrível. Por favor, saiba que os seguintes parágrafos sobre o propósito de Deus de que os casamentos sejam indissolúveis e abnegados são escritos com relacionamentos não abusivos em mente. Abuso físico, sexual ou emocional no casamento é errado e um desvio abominável do bom propósito de Deus. Se você é uma mulher que sofreu ou está sofrendo abuso, por favor, procure o cuidado de um conselheiro treinado e compassivo que pode ajudá-la a navegar pelas complexidades de sua situação. Eu oro para que você seja parte da família de uma igreja que vê e serve você. Meu coração vai ao seu encontro, e quero que você ouça que o propósito de Deus não é, de forma alguma, que você permaneça nas mãos de seu agressor. Cara leitora, à medida que progredimos, saiba que essa discussão pressupõe uma situação não abusiva.

---

23 "Domestic Violence Statistics", National Domestic Violence Hotline, 2022 (disponível em: https://www.thehotline.org/stakeholders/domestic-violence-statistics/, acesso em 31 ago. 2022)

O casamento é ideia de Deus, não nossa

No século XXI, vemos o casamento (e o sexo e a sexualidade) como uma expressão individual — uma ideia nossa, a qual podemos manipular, mudar e legalizar de qualquer maneira que julgarmos adequada. Mas a origem e o propósito do casamento são encontrados na própria criação, colocados ali pelo nosso Criador. A Bíblia começa e termina com dois casamentos, e nós que seguimos a Cristo, somos chamados de sua noiva ao longo de toda a narrativa.

A primeira menção a sexo e casamento na Bíblia está em Gênesis 2, quando Deus disse: "Por isso, deixa o homem pai e mãe e se une à sua mulher, tornando-se os dois uma só carne" (Gn 2.24). Em seu livro *O significado do Casamento*, o pastor Tim Keller e sua esposa Kathy dizem que a frase "uma só carne" aponta para mais do que uma união física. "É uma união tão profunda entre dois indivíduos que eles praticamente se tornam uma só nova pessoa. A expressão 'unir-se' [...] significa 'fazer uma aliança ou contrato irrevogável.'"[24] O sexo é o sinal físico e o meio de criação de uma união que vai muito além da fisicalidade e não deve ser quebrada.

O último lugar que vemos casamento na Bíblia é no outro extremo, no livro do Apocalipse, onde diz que nós, seguidores de Jesus Cristo, seremos sua noiva e ele será nosso noivo. Um dia, você e eu, que confiamos em Jesus como nosso Salvador, estaremos eternamente unidas com ele no céu. No que a Bíblia chama de "a ceia das bodas do Cordeiro", haverá uma multidão

---

[24] Timothy Keller e Kathy Keller, *O significado do casamento* (São Paulo: Vida Nova, 2012), p. 270.

rejubilando: "Aleluia! [...] porque são chegadas as bodas do Cordeiro, cuja esposa a si mesma já se ataviou, pois lhe foi dado vestir-se de linho finíssimo, resplandecente e puro" (Ap 19.6-8). Você e eu seremos a noiva vestida de branco — pura, porque Jesus pagou por nossos pecados e nos veste em sua justiça.

Se você já ouviu que Jesus diz que não nos casaremos no céu (Mt 22.30) e se perguntou o motivo, aqui está a sua resposta. Não estaremos mais casados com nossos cônjuges humanos, porque estaremos casados com Jesus.

Entendo que isso soa bem estranho. Tentar fazer nossas mentes humanas finitas abarcarem essa realidade de outro mundo é provavelmente fútil. A ilustração frequentemente citada de C.S. Lewis é útil aqui. Somos "como uma criança ignorante que quer continuar fazendo tortas de lama em uma favela, porque não consegue imaginar o que significa uma oferta de férias no mar".[25] Nós ainda não temos olhos nem entendimento para o mar, quando estamos aqui, cercados pelas favelas.

Sexo e casamento pregam o evangelho

Felizmente, o apóstolo Paulo nos oferece alguma visão. Ele chama essa realidade teológica de um *mega-mysterion*, um mistério ou uma espécie de segredo maravilhoso através do qual Deus revela a si mesmo e seus propósitos.[26] Citando Gênesis 2, Paulo diz: "Eis por que deixará o homem a seu pai e a sua mãe e se

---

25 C. S. Lewis, *The Weight of Glory and Other Addresses* (New York: Macmillan, 1949), p. 2 [em português: *O peso da glória* (São Paulo: Thomas Nelson Brasil, 2017)].
26 Keller e Keller, *O significado do casamento*, p. 57.

unirá à sua mulher, e se tornarão os dois uma só carne. Grande é este mistério, mas eu me refiro a Cristo e à igreja" (Ef 5.31-32).

O evangelho e o casamento iluminam um ao outro.

O casamento foi feito para representar o amor, o compromisso e o sacrifício de Deus para com seu povo. Se você é casada, seu casamento é uma demonstração física para o mundo de que Jesus está para sempre, irrevogavelmente, comprometido com seu povo.

Isso é algo grande. É por isso que importa em quem e no que acreditamos sobre sexo. A consequência mais grave da nossa irreverência com o sexo é que isso mancha o símbolo que Deus criou para comunicar o fato de que ele nunca vai nos deixar nem nos abandonar (Dt 31.6; Hb 13.5). Os limites de Deus para o sexo não são antiquados ou opressivos. Ele não é um estraga-prazeres, e ele não está atrás de nosso moralismo ou bom comportamento exterior. Ele busca sua própria glória, e busca o que é melhor para você e para mim.

Cometemos violência contra nosso Deus e seu povo quando pensamos muito pouco sobre o sexo. Não se trata de ficar insistindo em pureza ou castidade ou seguir uma lista de regras. Trata-se de viver de acordo com a realidade, porque isso é o melhor para todos nós. Deus, nosso Criador, é confiável. Como seu e meu Criador, ele realmente sabe e quer o melhor para nós.

Para aliança e não consumo

Compreender que nossos casamentos — o que realmente significa nosso envolvimento com o sexo também, porque isso é o que se entende por *uma só carne* — são feitos para mostrar o amor de Deus ao mundo muda tudo. O evangelho faz isso. Seguir Jesus reordena radicalmente tudo em nossas vidas.

Cristo nos chama para sermos *criadores de aliança* em vez de *consumidores*.

O sexo não é errado ou tabu aos olhos de Deus; é uma dádiva, projetada por ele, para sua glória e nosso bem. E dentro do casamento, ele o ordena. O sexo é projetado para ser um ato vulnerável de se entregar um ao outro. É dizer, sem vergonha, que *eu sou sua e você é meu*. Tudo em mim para tudo em você. Deus sabe que somos continuamente tentados a ser egoístas, no sexo e de outras formas, e assim ele ordena:

> O marido conceda à esposa o que lhe é devido, e também, semelhantemente, a esposa, ao seu marido. A mulher não tem poder sobre o seu próprio corpo, e sim o marido; e também, semelhantemente, o marido não tem poder sobre o seu próprio corpo, e sim a mulher. Não vos priveis um ao outro, salvo talvez por mútuo consentimento, por algum tempo, para vos dedicardes à oração e, novamente, vos ajuntardes. (1Co 7.3-5)

Tim e Kathy Keller dizem: "O propósito do sexo é entregar-se por inteiro para a vida toda. O coração pecaminoso, contudo, deseja usar o sexo por razões egoístas, e não para expressar uma entrega total, de modo que Bíblia estabelece diversas regras em torno dele para que possamos usá-lo da maneira correta".[27] É por isso que o sexo é reservado para o casamento. Nós não fomos feitos para entrar em uma união em uma só carne com alguém com quem ainda não nos comprometemos totalmente de todas as outras maneiras.

Quando meu marido e eu oferecemos aconselhamento pré-nupcial, sempre dizemos aos casais que o casamento não é um empreendimento meio-a-meio. O mundo diz: *eu faço metade e você faz metade, e nós seremos felizes*. Mas nunca funciona assim, porque seus 50% sempre parecerão maiores e melhores do que os do seu cônjuge. Sempre que anotamos um placar, somos nós quem vencemos. Em vez disso, o casamento deve ser um tipo de compromisso total das duas partes. Ambos os cônjuges, com a ajuda de Deus, devem se esforçar para dar um ao outro 100% de si mesmos. Aliança em vez de consumo não é algo fácil.

Jesus se entregou por você e por mim, e pede a maridos e esposas que façam o mesmo um pelo outro. É um compromisso sacrificial, não um sentimento, não um sentimentalismo, não uma paixão. É uma escolha, uma caminhada de obediência, um implorar a ajuda de Deus para obedecer-lhe e amar um ao outro acima de nós mesmos.

Esse tipo de compromisso é, em última análise, libertador, pois cada cônjuge sabe que pode depender do outro. Este tipo de compromisso torna os casamentos mais fortes diante das tentações. Quando temos uma razão robusta — a saber, que Jesus deu sua vida por mim enquanto eu ainda era uma pecadora (Rm 5.8), logo, posso dar minha vida por meu cônjuge

---

27 Keller e Keller, *O significado do casamento*, p. 267.

enquanto ele ainda é um pecador — somos mais propensos a perseverar. "Nós amamos porque ele nos amou primeiro" (1Jo 4.19). Lembrar a cruz, a morte de Jesus em nosso favor e sua ressurreição milagrosa nos liberta do egoísmo e nos impulsiona a ser mais como nosso Salvador.

A Bíblia nos diz que "Deus é amor" (1Jo 4.8). Faríamos bem em reconhecer que "Deus sabe muito mais sobre o amor do que nós".[28] Seu plano para o sexo é para o nosso bem, para o nosso florescimento.

Vamos procurar o que satisfaz

Na história do filho pródigo, o irmão mais velho especifica qual é a vida dissoluta de seu irmão mais novo. Ele diz que o irmão mais novo gastou todo o dinheiro de seu pai em prostitutas (Lc 15.30). Ele pode estar exagerando ou não, mas não é difícil imaginar que vida dissoluta no primeiro século ou no século XXI seja uma espécie de eufemismo para procurar se saciar com muito sexo e muitos parceiros sexuais.

Como você sabe, o filho pródigo caiu em si e percebeu que estava perecendo. Você consegue nos ver nesta história também? Neste capítulo, só tivemos um vislumbre da perdição causada por nossa vida dissoluta: o declínio da saúde mental das meninas, o desespero e o vício causados pela pornografia, a embriaguez necessária para se relacionar, a solidão real

---

[28] Sam Allberry, "Where to Find Hope and Help amid the Sexual Revolution", *The Gospel Coalition*, November 5, 2018 (disponível em: https://www.thegospelcoalition.org/article/hope-help-sexual-revolution/, acesso em 1 set. 2022).

e pesada que vem do pecado sexual. Mas assim como o filho pródigo caiu em si e voltou para casa, nós também podemos.

Não importa como nos vendemos por sexo barato — e *todos nós* fizemos isso de uma forma ou de outra (Mt 5.28; 1Jo 1.10) — o Pai espera, mesmo agora, com as vestes cingidas, pronto para correr e nos abraçar.

Você pode imaginar como *The Bachelor* e *The Bachelorette* seriam diferentes se todos os participantes soubessem seu valor e dignidade como seres humanos feitos à imagem de Deus? E se eles soubessem que Deus nunca os deixaria nem os abandonaria? E se eles não clamassem por aprovação e aceitação por meio de romance e sexo em exibição pública? E se todos eles rejeitassem as promessas vazias uns dos outros e, em vez disso, recebessem a bondade de nosso Deus?

Amigos, *temos um Pai.* Somos filhos e filhas, e herdeiros de Deus (Gl 4.7). Por que insistimos em perecer aqui, enquanto ele nos espera em casa com um banquete? Nosso bom Deus "dessedentou a alma sequiosa e fartou de bens a alma faminta" (Sl. 107.9). Jesus é o pão da vida — se formos até ele, nunca teremos fome nem sede (Jo 6.35). Nunca é tarde demais, e você nunca está longe demais para voltar para casa.

O desejo de Deus é para o seu bem. A vontade dele é que você prospere. Ele morreu por você e por mim! Ele não é rabugento, egoísta nem retém nada de nós. Em vez disso, ele oferece uma vida abundante para aqueles que creem. Temos uma escolha: seguiremos o mundo e continuaremos a ceder à falsificação cultural ou nos renderemos ao que é real?

Isaías coloca assim a questão para nós:

FEMINILIDADE DISTORCIDA

Por que gastais o dinheiro naquilo que não é pão, e o vosso suor, naquilo que não satisfaz? Ouvi-me atentamente, comei o que é bom e vos deleitareis com finos manjares. Inclinai os ouvidos e vinde a mim; ouvi, e a vossa alma viverá. (Is 55.2-3)

É em casa que há festa. É em casa que encontraremos satisfação profunda. É em casa que estamos seguras, cuidadas, protegidas, estimadas. Quando nos vendemos por sexo barato, prejudicamos a nós mesmas e uns aos outros. Fomos feitas para muito mais.

Questões para discussão

1. Apenas para quebrar o gelo e dar uma risada antes de mergulharmos nas pesadas verdades deste capítulo, conte ao seu grupo uma história de namoro estranha ou hilária sobre você ou alguém que você conhece.
2. Você já observou ou experimentou pessoalmente o condicionamento sexual das meninas? É possível fazer algo para combater esse condicionamento subconsciente em nós mesmas e em outras garotas?
3. Fale sobre como a pornografia explora os dois lados da tela. Quais são os perigos de consumir pornografia? O seu ministério feminino ou comunidade é um lugar seguro para confessar conversas sensuais, consumo de pornografia, sexo solo e outros pecados tabus? É um lugar seguro para se revelar como uma sobrevivente de abuso sexual? O que você pode fazer pessoalmente para tornar sua comunidade mais

transparente? Dedique um minuto para compartilhar recursos entre si, a fim de que as mulheres que venham a precisar de ajuda, agora ou no futuro, possam saber aonde ir.

4. Você está surpresa que muitos cristãos creem e seguem o mundo em vez de Deus quando se trata de sexo? Você acha que também fez isso? Você está disposta a confiar no Senhor e em seu propósito? Reflita sobre o *mega-mysterion* de Efésios 5.31-32.

5. Que diferença faz no casamento (ou em qualquer relacionamento sexual) quando você escolhe fazer uma aliança em vez de consumir?

6. Leia Romanos 5.8 e 1 João 4.19 e compartilhe como a lembrança da cruz, da morte de Jesus em nosso favor e de sua ressurreição milagrosa nos liberta do egoísmo e nos impulsiona a ser mais como nosso Salvador. Encerre orando e pedindo ao Senhor que a ajude a amar os outros, porque ele a amou primeiro.

Capítulo 6
O aborto não trouxe luz

"Contanto que o governo não me diga o que fazer com meu corpo", minha amiga considerou. Lembro-me claramente do momento. Estava reunida com um grupo de amigas da faculdade depois do almoço, passando o tempo até nossas aulas da tarde.

Sim, pensei, *isso é realmente verdade. Também não quero que o governo controle o meu corpo. Quão terrível isso seria?* Quando o governo exerce controle sobre os corpos das pessoas, coisas ruins acontecem. *Ela está certa*, era a dimensão da minha luta interior. Com certeza, eu não gostava da ideia de acabar com a vida de um bebê, mas a ideia de nosso governo ser tirano em relação ao meu corpo e ao corpo de minhas amigas parecia pior. Às vezes, essa escolha difícil teria que ser feita, considerei, para proteger nossa maior liberdade.

Fui conquistada em um piscar de olhos por uma frase de efeito. Não havia voz concorrente em minha cabeça, nenhum argumento alternativo para eu medir contra aquele. *Meu corpo, minhas regras* era onipresente em minhas esferas, e criou raízes com facilidade. E sim, eu era cristã na época.

Embora esse momento tenha sido a solidificação, ele foi precedido por uma vida que me preparou para abraçá-lo.

Minhas amigas e eu fomos criadas para acreditar que iríamos comandar nossos destinos sozinhas. Bastaria sonhar, e chegaríamos lá. E não toleraríamos um namorado, governo ou bebê que nos pudesse tirar do caminho.

Uma escolha necessária

Eu vi o aborto de perto no ensino médio. Em uma hora de almoço, estávamos reunidas no estacionamento da escola, com sacos de papel do Burger King na mão. Um carro cheio de amigas parou para dizer que não voltariam. Elas tinham que, você sabe, *cuidar das coisas*. Assentimos com a cabeça. Uma passageira estava grávida e não queria estar. As outras garotas iam junto para dar apoio moral. A mãe dela sabia. Seria melhor assim, todas concordavam.

Esse cenário triste, mas *tão normal*, se desenrolou mais de uma vez entre minhas colegas e amigas naquela época. Não questionamos a moralidade daquilo. Não queríamos saber se era realmente melhor. Acreditávamos que era necessário. A maternidade naquele momento estava tão distante, que ninguém jamais considerou uma possibilidade.

O aborto era pressuposto. Claro, era lamentável, mas isso principalmente porque ouvimos que era doloroso e seriam necessários alguns dias em casa para se recuperar. Sabíamos que nossas amigas ficariam um pouco tristes depois. Mas tínhamos certeza de que era necessário. E assim também as 1.221.585 mulheres e meninas que receberam um aborto legal em 1996, ano em que me formei no ensino médio.[1]

Exploração, não libertação

Vinte e cinco anos depois, em maio de 2021, uma oradora na formatura do ensino médio em Dallas, Paxton Smith, subiu ao palco para discursar para sua turma e todos os seus entes queridos que se reuniram para a celebração. Ela puxou um discurso de dentro de sua beca e usou seu momento no palco para protestar contra uma lei recém-aprovada no Texas, que proibia o aborto após a detecção de um batimento cardíaco fetal.

Smith disse:

> Tenho sonhos, esperanças e ambições. Toda garota se formando hoje tem. E passamos toda a nossa vida trabalhando em direção ao nosso futuro [...]. Tenho pavor de que, se meus contraceptivos falharem, tenho pavor de que, se eu for estuprada, minhas esperanças, e aspirações, e sonhos, e esforços para o meu futuro não importarão mais [...]. Há uma guerra contra meu corpo e uma guerra contra meus direitos. Uma guerra contra os direitos de suas mães, uma guerra

---

[1] Lisa M. Koonin, M.N., M.P.H. (ed.), "Abortion Surveillance—United States, 1996, Morbidity and Mortality Weekly Report", Centers for Disease Control and Prevention, July 30, 1999 (disponível em: https://www.cdc.gov/mmwr/preview/mmwrhtml/ss4804a1.htm, acesso em 2 set. 2022).

contra os direitos de suas irmãs, uma guerra contra os direitos de suas filhas.²

Respondida com aplausos, a mensagem de Smith foi clara: sem o direito a um aborto, o futuro das meninas seria sem esperanças. Se não puderem acabar com uma gravidez indesejada, as mulheres não podem atingir o seu potencial. Sem escolha, não serão realizados sonhos e metas.

Seu breve discurso foi um eco retumbante do pensamento popular: aborto é libertação.

Mas o pensamento popular não é necessariamente o pensamento correto. O bem-estar humano requer harmonia com a realidade. E o que é verdade é que o aborto diminui, usa e, em última análise, fere as mulheres. Fomos ensinadas a acreditar que era para o nosso bem, que isso nos daria a autonomia e o sucesso que merecemos, que verdadeiramente nos libertaria. Na verdade, porém, o aborto fez o oposto.

Sob o pretexto de empoderamento, as mulheres tornaram-se vulneráveis. A conclusão dos meus dias de faculdade foi ingênua. Agora eu quero muito mais para as mulheres. O aborto nos dá muito menos do que merecemos; veremos isso na história e nos dados sociológicos que se seguem.

Eu prometo, há esperança real nas páginas finais deste capítulo. Se você é uma mulher que escolheu o aborto, por favor,

---

2 Bill Chappell, "High School Valedictorian Swaps Speech to Speak Out against Texas 'New Abortion Law'", *National Public Radio*, June 3, 2021 (disponível em: https://www.npr.org/2021/06/03/1002831545/high-school-valedictorian-swaps-speech-to-speak-out-against-texas-new-abortion-l, acesso em 2 set. 2022).

continue lendo. Eu conheço muitas de vocês profundamente e pessoalmente, e eu tinha suas histórias em meu coração e seus rostos em minha mente enquanto escrevia estas palavras. Leia a verdade sobre o nosso mundo caído, as mentiras em que você e eu cremos, e a esperança que erroneamente colocamos em nós mesmas. Leia a verdade sobre o dano que a "escolha" infligiu a nós, aos nossos filhos e à sociedade como um todo. E então leia com profundo alívio e grande alegria que esse não é o fim da sua história ou da história de ninguém. Leia sobre o nosso Deus que perdoa e faz todas as coisas novas. Seu propósito para nós é glorioso e bom, muito além da fraude do aborto.

Feminilidade considerada um fator de risco

A legalização do aborto é apenas uma parte de um quadro cultural mais amplo. A Revolução Sexual — enquanto mudança social maciça e abrupta em si mesma — nasceu de uma longa sequência de mudanças que priorizavam o eu autônomo acima do bem comum, como vimos no capítulo 2. O advento da pílula anticoncepcional e o divórcio sem culpa trabalharam juntos para desvincular o sexo das consequências da gravidez e do contexto do casamento.

Mas aqui está o que perdemos de vista hoje quando falamos sobre contracepção: a pílula foi feita para as mulheres. Desde o seu advento, a contracepção tem sido o fardo das mulheres, não dos homens. As mulheres o ingerem; as mulheres são afetadas por ele. É o corpo feminino que é considerado quebrado, desalinhado, precisando de conserto.

FEMINILIDADE DISTORCIDA

Seja por conveniência, por propósito ou subconscientemente, rotulamos coletivamente o corpo masculino como normal, preferido, bom do jeito que está. Era o corpo da mulher que precisava ser mudado, sua biologia alterada, não o dele. O grito por igualdade no feminismo de segunda onda foi uma declaração de que a fisiologia feminina é um problema e a solução é encontrada em ter um corpo que pode funcionar mais como o de um homem.

Como a história poderia ser diferente se, em vez disso, naquele momento, ficássemos com nosso Criador e proclamássemos que o corpo feminino é muito bom? E se, em vez de suprimir o que as mulheres podem fazer, celebrássemos? E se, em vez de prevenir a gravidez, a protegêssemos? E se trocássemos inconveniência por admiração?

Todavia, sabemos o que aconteceu. Na busca por sexo desenfreado, começamos a sacrificar tanto mulheres quanto crianças. Em vez de refrearmos o corpo masculino, ou melhor ainda, nossa sociedade — nossos valores, nossos apetites, nosso limite para a violência legalizada — legalizamos o aborto.

Consagrado em lei

Aos vinte e um anos, Norma McCorvey estava grávida de seu terceiro filho. Ela queria um aborto, mas não era algo legalizado no Texas em 1969, a menos que fosse para salvar a vida da mãe. Depois de buscar um aborto ilegal em uma clínica clandestina e descobrir que havia sido fechada recentemente, ela começou a trabalhar com um advogado de adoção para se preparar para o nascimento de seu filho. Por acaso, seu advogado a conectou a um advogado que estava se preparando para desafiar a lei de aborto do Texas.

McCorvey recebeu o pseudônimo de Jane Roe (o Roe em *Roe x Wade*), e um processo foi aberto em seu nome contra o promotor do condado de Dallas, Henry Wade (o Wade em *Roe x Wade*). McCorvey nunca compareceu ao tribunal, nunca testemunhou e não queria necessariamente que o aborto fosse amplamente legalizado — ela só queria fazer um.

Por fim, em 23 de janeiro de 1973, a Suprema Corte americana emitiu uma decisão com o placar de 7 a 2 em favor de Jane Roe, legalizando o aborto em todo o país.[3] Os ministros determinaram que as mulheres têm o direito fundamental de optar por interromper a própria gravidez, sem restrição governamental excessiva. Eles argumentaram que proibir o aborto infringia o direito de privacidade de uma mulher grávida, por causa da angústia e das dificuldades associadas a uma criança indesejada ou não planejada.

Ao longo do caso, McCorvey deu à luz seu bebê e o colocou para adoção. Ela nunca fez um aborto.

Em uma reviravolta surpreendente e amplamente desconhecida dos eventos, depois de trabalhar em uma clínica de aborto e testemunhar em primeira mão seu impacto nas mulheres, McCorvey rejeitou o movimento pelo direito ao aborto e foi trabalhar em um centro de recursos de gravidez pró-vida.

---

3 N.T.: Em 24 de Junho de 2022 (após a publicação original deste livro), a Suprema Corte americana decidiu, no caso conhecido como *Dobbs x Jackson Women's Health Organization*, reverter a decisão de *Roe*, afirmando que a constituição americana não confere direito ao aborto; a questão, portanto, deveria voltar às legislaturas de cada estado.

FEMINILIDADE DISTORCIDA

Em 2005, perante o Comitê Judiciário do Senado, ela prestou este testemunho:

> Acredito que fui usada e abusada pelo sistema judicial na América. Em vez de ajudar as mulheres em *Roe x Wade*, eu trouxe destruição para mim e milhões de mulheres em toda a nação [...]. Em vez de me ajudar financeiramente ou profissionalmente, em vez de me ajudar a largar as drogas e o álcool, em vez de trabalhar para uma adoção aberta ou me dar outra ajuda, meus advogados [...] estavam procurando uma jovem mulher branca para ser cobaia de uma grande nova experiência social [...]. Você tem alguma ideia de quanto sofrimento emocional eu experimentei? É um inferno saber que você desempenhou um papel, embora em algum sentido eu fosse apenas um peão do sistema legal.[4]

Os bebês não nascidos são pessoas?

No coração da decisão *Roe x Wade* estava uma pressuposição prevalecente, embora provavelmente subconsciente, em toda a sociedade de que definimos a nós mesmos. Temos acreditado cada vez mais ao longo do último século que nossa identidade, nossa realidade, quem realmente somos, é autoinventada e

---

4 Norma McCorvey, "Testimony of Norma McCorvey", June 23, 2005 (disponível em: https://www.judiciary.senate.gov/imo/media/doc/McCorvey%20Testimony%20062305.pdf, acesso em 2 set.2022).

autorrealizada. Em 1973, as mulheres americanas ganharam o direito de abortar por não se definirem como mães.

Pouco importa que os bebês existam. Pouco importa que as mulheres estejam realmente grávidas. Sentimentos, não fatos, moldam a realidade.

A opinião majoritária, escrita pelo juiz Harry Blackmun, diz que "a palavra 'pessoa', conforme usada na Décima Quarta Emenda, não inclui os não nascidos [...]. Se a sugestão de personalidade for estabelecida [...], o direito do feto à vida seria então garantido".[5] Os bebês não nascidos, ele argumentou, podem ser humanos, mas não são pessoas, porque não têm capacidade de se autodefinir. Inspirando e expirando o ar cultural da época, a Suprema Corte decidiu que uma pessoa é alguém que define sua própria existência. Para ser uma pessoa, é preciso ser capaz de *pensar*, não apenas de *ser*.[6]

Dualismo: corpo e mente

Decorre dessa cosmovisão, então, que um aborto é um ato do corpo e não gera nenhuma consequência para a mente. Achamos que não deve haver nenhum desdobramento mental ou emocional de um aborto, porque nós não somos nossos corpos. Além disso, podemos acabar com uma vida não nascida sem quaisquer efeitos nocivos, porque é apenas um humano, não uma pessoa. Não é algo danoso, porque fetos abortados são apenas corpos.

---

5 *Roe v. Wade*, 410 U.S. 113 (1973).
6 Devo os créditos à autora e filósofa Nancy Pearcey, que dá a esse dualismo um tratamento completo em seu livro *Love Thy Body* (Grand Rapids, MI: Baker, 2018) [em português: *Ama teu corpo* (Rio de Janeiro: CPAD, 2020)].

FEMINILIDADE DISTORCIDA

Essa filosofia da personalidade tem consequências reais. Até o momento, mais de 60 milhões de mulheres na América fizeram uma escolha sobre quem querem ser e infligiram essa escolha aos seus próprios corpos e aos corpos de seus bebês.[7] Os conselheiros nas clínicas de aborto dizem às mulheres todos os dias que o aborto é uma boa opção. Dizem que é seguro, não é muito doloroso, é emocionalmente menos prejudicial do que dar à luz o bebê. Mulheres com gravidezes não planejadas são convencidas de que o ato físico não ferirá seus corações e almas imateriais.

Mas o que tem sido louvado como uma escolha empoderadora desde 1973 provou ser um arrependimento devastador. As vítimas do aborto não são apenas os bebês. São também as mães que acreditam nos conselheiros pró-aborto, seus parceiros, amigos e familiares, e uma cultura que diz: *"Você tem que fazer isso. É melhor assim. Afinal, não é uma pessoa. Você pode eliminar esse erro e seguir em frente com sua vida como se nunca tivesse acontecido. Você pode fazer e celebrar a escolha de determinar o seu destino"*.

Aborto: os dados

Meio século após sua legalização, devemos finalmente, e plenamente, admitir que o aborto é uma falsificação cultural, uma promessa vazia. O que se segue não é um relato definitivo de todos os efeitos nocivos do aborto, mas espero que seja esclarecedor. Devo avisar-lhe agora que provavelmente será uma

---

[7] "Reported Annual Abortions 1973–2017", National Right to Life Educational Foundation, 2018 (disponível em: https://nrlc.org/uploads/factsheets/FS01AbortionintheUS.pdf, acesso em 3 set.2022).

leitura desanimadora. Geralmente não somos abertas e honestas sobre as tristes realidades do aborto. Esse é um tema pesado.

Então, aqui está o que devemos lembrar: "A luz resplandece nas trevas, e as trevas não prevaleceram contra ela" (Jo 1.5). Temos que ser honestas e realistas sobre o que está obscuro, para que a luz possa brilhar. Jesus é a luz do mundo. Ele é vitorioso e está vivo. Ele é o doador da vida. Nem mesmo a escuridão do aborto pode vencê-lo.

Meu desejo é que nós, mulheres, saibamos mais do que apenas frases de efeito e estejamos prontas com a verdade para que possamos oferecer esperança real a nós mesmas, nossas irmãs, nossas amigas, nossas filhas e qualquer desconhecida na rua que não saiba o que fazer com a criança não planejada em seu ventre.

O aborto rebaixa o genuíno feminismo. Ninguém dentro do movimento diz mais que o aborto destrói "apenas um aglomerado de células". Bioeticistas, médicos, conselheiros e ativistas sabem que um embrião é um bebê de verdade. Uma integrante do grupo *Feminist for life* [Feministas pela vida] disse que vincular o feminismo ao aborto é criar "feminismo terrorista", porque força a feminista a estar "disposta a matar pela causa em que acredita".[8] Enquanto as feministas originais protegiam mulheres e crianças, eram ativistas antiescravidão, reformadoras sociais e sufragistas, o feminismo de segunda onda não pode ser separado do assassinato.

---

8 Randy Alcorn, "It Is Possible to Be a Feminist and Be Prolife," *Eternal Perspective Ministries* (blog), June 11, 2018 (disponível em: https://www.epm.org/blog/2018/Jun/11/prolife-feminist, acesso em 3 set. 2022).

FEMINILIDADE DISTORCIDA

A maioria das mulheres se sente pressionada a abortar, despreparada para isso e culpada por isso. Um estudo revela o seguinte sobre mulheres após o aborto nos Estados Unidos:[9]

- Mais de 90% disseram que não receberam informações suficientes para fazer uma escolha consciente;
- Mais de 80% disseram que provavelmente não teriam abortado se não tivessem sido tão fortemente encorajadas a fazê-lo;
- 83% disseram que teriam continuado a gestação se tivessem tido mais apoio.

O aborto aumenta consideravelmente os riscos à saúde mental das mulheres. Um estudo do *British Journal of Psychiatry* descobriu que o aborto causa:[10]

- 81% de aumento no risco de doenças mentais;
- 34% de aumento no risco de ansiedade;
- 37% de aumento no risco de depressão;
- 110% de aumento no risco de uso de álcool;
- 155% de aumento no risco de suicídio.

---

9 "Key Facts about Abortion", Elliot Institute, n.d., www.afterabortion.org, citado em Randy Alcorn, *Why Pro-Life?: Careing for the Unborn and Their Mothers* (Peabody, MA: Hendrickson, 2012), p. 77.

10 Priscilla K. Coleman, "Abortion and Mental Health: Quantitative Synthesis and Analysis of Research Published 1995–2009". Cambridge University Press, January 2, 2018 (disponível em: https://www.cambridge.org/core/journals/the-british-journal-of-psychiatry/article/abortion-and-mental-health-quantitative-synthesis-and-analysis-of-research-published-19952009/E8D556AAE-1C1D2F0F8B060B28BEE6C3D, acesso em 3 set. 2022).

As mulheres procuram abortos por razões que podem ser aliviadas com outros serviços sociais e apoios. De acordo com a Care Net, uma organização que reúne milhares de centros de recursos de gravidez, as mulheres são levadas ao aborto pelas seguintes razões:[11]

- finanças (40%);
- tempo (36%);
- razões relacionadas ao parceiro (31%);
- a necessidade de se concentrar em outras crianças (29%);
- várias razões (64%);
- um evento traumático recente, como desemprego, rompimento ou atraso no aluguel ou hipoteca (57%);
- um problema físico ou de saúde (12%);
- estupro (1%);
- incesto (<0,5%).

O aborto tem um passado e um presente racistas. Margaret Sanger fundou a *Planned Parenthood*[12] [Parentalidade planejada] e defendeu o controle de natalidade no início dos anos 1900. Os motivos de Sanger eram racistas e enraizados no movimento eugenista, cujo lema era: "Mais do apto, menos do inapto". Embora eu esteja certa de que a maioria dos funcionários da Planned Parenthood atualmente não seja intencionalmente

---

11 Care Net, "Facts on Abortion", 2019 (disponível em: https://www.care-net.org/hubfs/Downloads/Top_40_Abortion_Statistics.pdf, acesso em 23 set. 2022).

12 N.T.: Organização americana que é a maior responsável pela realização de abortos no país.

racista, os números atuais de aborto relacionados à raça deveriam causar um clamor público.

O aborto é responsável por 61% das mortes de negros americanos e 64% das mortes de hispânicos/latinos.[13] Enquanto os negros americanos representam apenas 13% da população dos EUA, as mulheres negras praticam 36% de todos os abortos.[14] Esses desequilíbrios grosseiros deveriam fazer cada americano parar e pensar. Por que permitimos que os provedores de aborto se aproveitem de mulheres negras?

Deixe-me ser bastante direta: essas estatísticas não são porque as mulheres negras ou hispânicas/latinas são mais egoístas ou mais violentas. É porque elas, como todas nós, foram moldadas por uma cultura e um contexto que dizem que o aborto é melhor para você do que um bebê. Para as mulheres com menos recursos, como muitas vezes é o caso das mulheres que estão entre as minorias nos Estados Unidos, o aborto muitas vezes parece o único caminho a seguir.

Todas nós precisamos nos perguntar o que estamos fazendo para apoiar mulheres necessitadas. Como podemos nos juntar às mulheres à margem da sociedade para que o aborto não pareça sua melhor opção?

---

13 Danny David, "Study: Abortion Is the Leading Cause of Death in America", *Live Action News*, August 11, 2016 (disponível em: https://www.liveaction.org/news/unc-study-demonstrates-effect-of-abortion-on-minorities-and-public-health/, acesso em 3 set. 2022).

14 Centers for Disease Control and Prevention, "Abortion Surveillance — United States, 2014," November 24, 2017 (disponível em: https://www.cdc.gov/mmwr/volumes/66/ss/ss6624a1.htm, acesso em 3 set. 2022).

Abortos em casa

O número total de abortos nos Estados Unidos está em declínio, o que provavelmente se deve a um aumento no uso de contraceptivos, à recessão sexual discutida no capítulo 5 e à subnotificação de abortos em casa (discutidos a seguir). O ano mais recente para o qual as estatísticas de aborto dos Estados Unidos estão disponíveis (2017) revela que a vida de 862.000 bebês foram encerradas apenas naquele ano.[15] Esse número "reduzido" ainda é trágico e não inclui uma contagem abrangente de abortos induzidos por medicamentos, que são cada vez mais rotineiros, mas difíceis de rastrear.

A crescente disponibilidade de abortos em casa faz com que o enfrentamento da falsificação que é o aborto pareça mais urgente do que nunca. O aborto por medicação está atualmente disponível para as mulheres através de clínicas de aborto, seus médicos, do correio via telemedicina ou de um pedido pela internet. Em 2023, por lei, as clínicas universitárias públicas do *campus* na Califórnia começarão a oferecer abortos induzidos por medicamentos aos seus alunos (a pílula do dia seguinte, que é diferente de um aborto medicamentoso, já está disponível em máquinas de venda automática em *campi* universitários em todo o país).

Uma mulher que dá fim a sua gravidez por medicação ingere primeiro uma pílula contendo mifepristona para excluir de seu corpo a progesterona, que é necessária para apoiar uma

---

[15] "Induced Abortion in the United States, Fact Sheet", Guttmacher Institute, set.2019 (disponível em: https://www.guttmacher.org/fact-sheet/induced-abortion-united-states, acesso em 3 set. 2022).

gravidez. No dia seguinte, a mulher toma um comprimido contendo misoprostol, que induz o aborto espontâneo. A aparente facilidade e anonimato tornaram o processo atraente, mas ele permanece muito perigoso. As mulheres experimentam cólicas (muitas vezes extremas e debilitantes), hemorragia e o parto de um bebê morto. Embora a *Planned Parenthood* pressione as mulheres a ingerir a primeira pílula antes de deixarem seus escritórios, tudo isso pode acontecer na privacidade de sua própria casa (ou talvez no banheiro não tão privado de um dormitório), o que significa que as mulheres e meninas estão ainda mais isoladas e em risco físico e emocional com esses chamados abortos autoconduzidos. Permitir que uma mulher suporte tal risco e trauma por si só deve ser impensável. Em que outra esfera da medicina isso é sequer imaginável?

Mulheres e seus bebês merecem muito mais.

Criadas para serem subcriadoras

O aborto, nos disseram, é uma escolha. Quem não gosta de escolher? Mas essa escolha é diferente. Escolher extinguir uma vida no útero nos coloca no trono do Soberano, uma posição que não podemos sustentar. Nosso coração não foi feito para suportar o peso de decidir quem vive e quem morre. Isso nos destrói quando o fazemos.

É evidente que o corpo feminino é projetado para gerar e nutrir vida, não para dar fim a ela. Temos um útero. Temos glândulas mamárias. Nascemos carregando óvulos. Nosso corpo proclama que devemos reproduzir, nutrir e sustentar as crianças. Não é a soma total do propósito feminino, mas é inegável que somos, por concepção, doadoras de vida.

Trazer nova vida ao mundo é uma dádiva surpreendentemente maravilhosa. É admirável. As mulheres têm o enorme privilégio de serem subcriadoras com Deus.[16] Nossos corpos não são entraves. O corpo feminino é glorioso, bom e digno de proteção e valorização.

O aborto, portanto, inflige uma ferida em nível fundamental. Embora os proponentes elogiem o procedimento como uma solução rápida e simples, a realidade é que ele afeta não apenas nosso corpo, mas também nosso coração e nossa alma. Matar a criança dentro de nós é uma violência à nossa composição como mulheres. Isso contradiz a realidade; vai contra à nossa própria natureza.

O aborto *retira* a vida, mas somos criadas para *dar* vida. Nunca estaremos bem abortando um bebê, porque fomos feitas à imagem de um Deus que deu sua própria vida por nós. Quando refletimos sua imagem, nos sacrificamos pelos outros, e prosperamos.

Todos nós carregamos a culpa

O aborto é uma realidade de partir o coração que nunca deveria existir. Sou levada às lágrimas enquanto penso em muitas amigas queridas e nas inúmeras mulheres que aconselhei que escolheram o aborto, porque achavam que era necessário.

---

16 Timothy Keller, *On Birth* (Nova Iorque: Penguin, 2020), p. 7 [em português: *Nascimento, casamento e morte: Como encontrar Deus nos eventos mais significativos da vida* (São Paulo: Vida Nova, 2020)].

Devemos reconhecer que nós, como povo americano, fizemos o assassinato parecer mais atraente do que a maternidade. *A culpa pelo aborto é de todos nós.*

O aborto tem servido como solução rápida para uma sociedade que busca o sexo sem consequências e prioriza o corpo e a função do homem acima do corpo e da função da mulher. Em vez de conformar os valores e expectativas da sociedade ao bom e admirável *design* feminino e com o que contribuímos para a sociedade através da fertilidade e reprodução, fomos convencidas a sacrificar a nós mesmas e os nossos bebês.

Nós nos acomodamos a esse modo de vida desordenado e até mesmo o defendemos. E tem havido vítimas demais. Então, como podemos avançar? Como uma mulher que abortou pode superar seu arrependimento e trauma? Como podemos forjar um novo normal para mulheres e meninas?

O aborto não é imperdoável

As feridas sofridas por uma mulher que abortou são diferentes de qualquer outra. Como descrito nas estatísticas acima, elas são profundas na alma e causam vergonha e arrependimento aparentemente insuperáveis. O pai da mentira (Jo 8.44), Satanás, sussurra às mulheres que o aborto é imperdoável, mas isso não é verdade.

Nosso Deus está pronto e disposto a perdoar e libertar.

Uma mulher que abortou deve primeiro reconhecer a escolha que fez. Embora seja verdade que muitos outros são culpáveis, uma mulher que aborta não pode seguir em frente, a menos que seja honesta consigo mesma e com seu Deus. O apóstolo Paulo diz: "Porque a tristeza segundo Deus produz arrependimento para a salvação, que a ninguém traz pesar; mas a tristeza do mundo produz morte" (2Co 7.10). A tristeza do mundo mantém uma mulher em cativeiro; ela produz a morte, porque não é honesta, contrita ou quebrantada diante de Deus. Mas a tristeza segundo Deus reconhece o pecado e a injustiça e coloca tudo diante do Senhor para seu perdão e cura.

O pecado do aborto foi pago, de uma vez por todas, na cruz. Não acredite na mentira de que a morte de Jesus não foi um pagamento suficiente.

A verdade é: "Se confessarmos os nossos pecados, ele é fiel e justo para nos perdoar os pecados e nos purificar de toda injustiça" (1Jo 1.9). Se você confessar seu papel no aborto, Jesus não apenas a perdoará, mas a *purificará*.

A Bíblia diz sobre Deus: "Pois quanto o céu se alteia acima da terra, assim é grande a sua misericórdia para com os que o temem. Quanto dista o Oriente do Ocidente, assim afasta de nós as nossas transgressões" (Sl 103.11-12). Quando você e eu tememos ao Senhor — quando o reverenciamos, reconhecemos sua santidade e o nosso pecado — *todas* as nossas transgressões são removidas de nós para sempre.

Experimentar a paz que vem do perdão completo de Deus raramente é um evento único e definitivo. Aconselhamento centrado em Cristo e grupos de apoio pós-aborto são inestimáveis. Muitas mulheres encontram cura ao compartilhar suas histórias e prestar cuidados a mulheres grávidas em crise nos centros de apoio à gravidez.

A notícia muito boa e final para as mulheres que abortaram é esta: "Se, pois, o Filho vos libertar, verdadeiramente sereis livres" (Jo 8.36). Não importa o pecado, ninguém pode tirar o perdão comprado para nós na cruz de Cristo. Além disso, ninguém pode tomar a liberdade forjada em sua ressurreição. Porque Jesus vive, nós também viveremos (Jo 14.19).

Você realmente quer ser inclusiva?

A autora e filósofa Nancy Pearcey diz: "A posição pró-escolha é exclusiva; ela afirma que algumas pessoas não estão à altura. Elas ficam abaixo do padrão. Elas não se qualificam para os direitos da personalidade. Mas a posição pró-vida é inclusiva. Se você é um membro da raça humana, você está 'dentro.'"[17]

Você está dentro. Eu estou dentro. Todos os homens, mulheres e crianças estão dentro. Toda vida é um tesouro a ser protegido.

Embora seja verdade que mais de 60 milhões de bebês foram abortados nos Estados Unidos desde 1973, com um movimento do Espírito de Deus entre seu povo, isso pode se tornar um reflexo da história e não uma previsão para o futuro. Atualmente, existem mais de 2.700 centros de apoio à gravidez nos Estados Unidos,[18] enquanto existem apenas cerca de 800 clínicas de aborto.[19]

---

17 Nancy Pearcey, *Love Thy Body* (Grand Rapids, MI: Baker, 2018), p. 64.
18 Nicole Stacy, "Pro-life Pregnancy Centers Served 2 Million People, Saved Communities $ 161M in 2017", Charlotte Lozier Institute, September 5, 2018 (disponível em: https://lozierinstitute.org/pro-life-pregnancy-centers-served-2-million-people-saved-communities-161m-in-2017/, acesso em 5 set. 2022).
19 "Data Center," Guttmacher Institute (disponível em: https://data.guttmacher.org/states/table?state=US&topics=57&dataset=data, acesso em 5 set. 2022).

O aborto não trouxe luz

Servi em alguns centros de recursos de gravidez e senti-me com mulheres enquanto elas consideravam suas opções. Cada uma delas tem uma história única, mas muitas são vulneráveis porque lhes faltou educação, emprego, um parceiro que a apoiasse, uma vida doméstica saudável. Muitas mulheres enfrentam perigo real, abuso e vergonha em casa. Fornecer recursos e cuidados pode fazer toda a diferença. Auxiliá-las em etapas como encontrar um médico que possa atendê-la pelo governo, obter ajuda com mantimentos, obter mentoria de uma mãe, entre outras coisas, podem fazer a diferença entre a vida e a morte.

E se levássemos Deus a sério, com a ajuda dele mesmo? E se, com o fortalecimento do Espírito Santo, nós, a igreja, nos dispuséssemos para outras? E se levássemos a bondade tangível de nosso Deus para as mulheres necessitadas? E se perseguíssemos a vida e o bem-estar de outras com tanta firmeza que o aborto se tornasse desnecessário, até mesmo impensável?

A comunidade pró-vida deve perceber que esta não é uma situação de "nós contra eles". *Eles* somos *nós*. Como seres humanos, estamos nisso juntos. Como podemos todos escolher a vida juntos, para que nossos filhos possam viver (Dt 30.19)?

Essa é a cosmovisão bíblica, que é verdadeiramente inclusiva, em ação.

Indo para casa

Em 2020, o canal FX estreou um documentário sobre a vida de Norma McCorvey, chamado *AKA Jane Roe* (*Vulgo Jane Roe*). O cineasta Nicholas Sweeney diz que McCorvey o procurou para fazer uma confissão no leito de morte. Ela queria que o mundo soubesse, antes de sua morte, que seu trabalho pró-vida era uma fraude. No filme, ela diz: "Acho que foi uma coisa mútua. Sabe, peguei o dinheiro deles, e eles me colocaram na frente das câmeras e me falaram o que dizer."[20]

Os críticos do filme dizem que Sweeney não pressionou McCorvey o suficiente para descobrir a verdade. Muitos concluem que a verdadeira Norma McCorvey nunca foi revelada, que suas próprias palavras não foram convincentes. Talvez ela mesma nunca tenha se sentido em paz no movimento pró-escolha ou no movimento pró-vida, e sempre foi tratada como um peão. Ela sempre quis ser atriz, disse a Sweeney.

É devastador perceber que Jane Roe foi provavelmente usada primeiro por ativistas pró-aborto e talvez também por ativistas pró-vida. Talvez ela gostasse dos holofotes ou talvez simplesmente não soubesse melhor como conduzir sua própria vida. De qualquer forma, ela agora é um emblema da grande exploração de mulheres e meninas durante sua geração. De qualquer forma, seu trágico legado confirma para nós que, sem uma base sólida e uma comunidade solidária, mulheres e meninas vulneráveis provavelmente serão usadas pelo mundo ao seu redor.

Isso foi verdade com minhas amigas no ensino médio, pois elas foram usadas pelos meninos com quem dormiam, pela cultura pop que as moldava e pela clínica da *Planned*

---

20 Alisa Chang, *"New FX Documentary Explores Life of the Woman Behind Roe v. Wade Decision"*, All Things Considered, National Public Radio, May 22, 2020 (disponível em: https://www.npr.org/2020/05/22/861202475/new-fx-documentary-explores-life-of-the-woman-behind-roe-v-wade-decision, acesso em 5 set. 2022).

Parenthood que fornecia seus abortos por algumas centenas de dólares. E esse foi o caso comigo e com minhas amigas da faculdade, sendo facilmente usadas por um movimento social, nossa fidelidade comprada com um barato e impensado *meu corpo, minhas regras*.

O aborto é a promessa vazia mais mortal da nossa época.

Assim como a vida dissoluta que o filho pródigo perseguiu em um país distante, o aborto promete vida, satisfação e realização real. Em vez disso, causa morte, arrependimento e inúmeras feridas, não apenas físicas.

Que todos possamos recobrar os sentidos e voltar ao abraço caloroso, perdoador e longânimo do Pai. Que possamos ativamente e persistentemente fazer retroceder a cultura da morte em nosso meio. Nosso bom Deus é o Deus da ressurreição. Sua especialidade é gerar vida da morte. É o que ele faz! Que ele faça isso aqui e agora. Que possamos escolher a vida.

Talvez você mesma tenha feito um aborto (ou talvez mais de um), ou talvez tenha encorajado sua amiga ou filha a fazer um, ou talvez você tenha apenas evitado o problema completamente e se iludido de forma complacente pensando que esse problema não é seu. Seja qual for o papel que você assumiu em relação à falsificação do aborto, saiba: "Agora, pois, já nenhuma condenação há para os que estão em Cristo Jesus" (Rm 8.1). Não permita que o inimigo roube a alegria da sua salvação, a leveza da sua liberdade, a paz e a esperança que você tem por toda a eternidade. Ele não é bem-vindo aqui. Você foi feita para muito mais. Nosso Deus reina.

FEMINILIDADE DISTORCIDA

Questões para discussão

1. Comece com a consciência de que uma em cada quatro mulheres americanas faz um aborto. Há provavelmente algumas mulheres em seu grupo que sofreram o trauma do aborto. Prossiga com essa discussão com cuidado e preocupação com a perspectiva delas.

2. Seja por conveniência, de propósito ou subconscientemente, a Revolução Sexual rotulou o corpo masculino como a norma e criou o controle de natalidade para as mulheres. Como sua vida, a vida de sua mãe ou a de outras pessoas seriam diferentes se, em vez de suprimir a gravidez, a celebrássemos? E se os esforços usados para criar o controle de natalidade e o aborto fossem direcionados para meios criativos de ajustar as esferas pública e privada para uma nova vida?

3. Os fetos foram considerados pela Suprema Corte americana como não sendo pessoas em 1973. Nossa cultura diz que para ser uma pessoa é preciso ser capaz de se definir. Quão difundido é esse pensamento? O quanto ele é perigoso? O que você acha que define uma pessoa?

4. Na seção "Abortos: os dados" há seis subseções. Quais dados são mais surpreendentes para você? Por que você acha que grande parte dessa pesquisa permanece oculta ou impopular para o público?

5. Você concorda ou discorda que todos nós carregamos a culpa pelo aborto? Qual é o seu plano para ajudar a reduzir o número de abortos em sua comunidade?

6. Muitas mulheres que abortaram acreditam que seus abortos são imperdoáveis, mas isso é uma mentira. Leia o Salmo 104; Romanos 8.1; 2 Coríntios 7.10; João 8.36; 14.19; e 1 João 1.9. Encorajem-se mutuamente com essas verdades das Escrituras e concluam orando e agradecendo a Deus por ele ser incansavelmente perdoador e poder gerar vida da morte.

Capítulo 7
Em alta: LGBTQIA+

"Há quatro anos, casada com o pai de meus três filhos, me apaixonei por uma mulher." Essa é a primeira frase do primeiro capítulo de um *best-seller* do jornal *New York Times*, que também está, enquanto escrevo este livro, classificado em primeiro lugar na Amazon na categoria "autoajuda cristã". O livro é *Indomável*, de Glennon Doyle, que, de acordo com a editora, a revista *People* diz que "pode vir a ser o santo padroeiro do empoderamento feminino". São as memórias e o manifesto de Doyle. É a história de como ela e todas as mulheres foram criadas enjauladas, mas devem se libertar. É a história de como se tornar indomável.

Como líder do ministério feminino, quando um *best-seller* como esse cita a Bíblia e admoesta as mulheres: "talvez Eva nunca tenha sido nosso aviso. Talvez ela devesse ser nossa modelo. Reconheça seu desejo. Coma a maçã. Deixe queimar" — *e quando ele é o número um em autoajuda cristã* — sei que tenho que entrar na conversa.[1]

A voz de Doyle é alta e atraente, mas é apenas uma de muitas. Nas últimas duas décadas, líderes e autoras como ela têm se multiplicado às centenas em toda a sociedade e dentro da igreja cristã. Elas são bem-intencionadas. Elas procuram

---
1 Glennon Doyle, *Indomável* (Rio de Janeiro: HarperCollins Brasil, 2020).

encorajar. Elas dizem que *amor é amor*, e completam dizendo que *Deus é amor*. Elas pretendem erguer os marginalizados, proteger os vulneráveis. À medida que a cultura se move para a esquerda e celebra tudo que seja LGBTQIA+, elas querem que a igreja esteja dentro disso também.

Essa retórica é poderosa e persuasiva. Sentimos a pressão cultural, vemos líderes cristãos abraçando-a e nos perguntamos o que devemos fazer. É uma enorme tensão para todos nós. Eu amo a Deus e amo o seu povo, então tenho a responsabilidade de prosseguir aqui. Acredite, eu certamente preferiria cuidar da minha vida e beber café no meu sofá com meu labrador amarelo roncando ao meu lado. Se ler este capítulo é desconfortável para você, saiba que foi igualmente desconfortável para mim escrevê-lo. Ele foi semeado em lágrimas e em oração com gemidos profundos.

O que eu desejo que você e eu saibamos é que há uma narrativa melhor. Há uma história melhor. Em um mundo que diz que a coisa mais importante em você é quem você ama (*identifique a letra no espectro que se encaixa melhor em você — isso é quem você é*), eu quero recuar e dizer que não, essa é uma mentira que leva à morte. A coisa mais importante em você é quem ama você. E essa é uma verdade que leva à vida eterna.

Não é *quem você ama*; é *quem ama você* que é o verdadeiro fundamento para sua vida e a minha.[2]

Nós somos filhas de Deus (1Jo 3.1). Ele é o autor de nossas vidas e o autor de nossa fé. Permanecendo somente em

---

[2] Meus agradecimentos a Sam Allberry por compartilhar essa verdade em *Why Does God Care Who I Sleep With?* (Charlotte: The Good Book Company, 2020), p. 103, onde ele, por sua vez, credita Jojo Ruba por essa percepção.

Em alta: LGBTQIA+

Cristo, podemos receber a verdade que nos liberta. As ideologias sexuais da nossa época prometem vida, mas entregam morte. Você e eu fomos feitas para muito mais.

Todavia, primeiro, uma ressalva. O espectro, o movimento e a história LGBTQIA+ são *vastos*. LGBTQIA+ significa lésbicas, gays, bissexuais, transgêneros, queer ou questionadores, intersexuais, aliados ou assexuais, e o sinal de adição é um guarda-chuva para a inclusão de qualquer outra pessoa no espectro de orientação sexual ou identidade de gênero. Uma discussão abrangente sobre orientação sexual e identidade de gênero exigiria a análise de questões ilimitadas e em constante evolução (coisas como o debate entre natureza e influência, mudanças nos diagnósticos e tratamentos de saúde mental, o papel das influências da infância e abuso sexual, a singularidade dos distúrbios de início precoce, as variações e razões por trás do uso de expressões como *estilo de vida, escolha* ou *pecado*, e eu poderia continuar). Não é o objetivo deste capítulo abordar todas as questões apresentadas pelo espectro LGBTQIA+.

O escopo deste capítulo está limitado a um fenômeno que está se desenvolvendo nos países ocidentais agora mesmo: mais mulheres e meninas do que nunca dizem se identificar como LGBT. Apenas na última década houve um salto acentuado e sem precedentes de incidência predominante entre meninas e mulheres jovens no Ocidente rico. Talvez seja você, ou talvez seja alguém que você ama.

As leitoras deste capítulo provavelmente se enquadrarão em uma das duas categorias. Você pode estar pessoalmente lutando para entender sua própria definição no espectro de orientação sexual ou identidade de gênero, e eu oro para que você continue lendo e buscando uma compreensão do bom desígnio de Deus. Eu não subestimo os fardos que você traz consigo enquanto folheia essas páginas. Ou você pode estar lendo como alguém que tem amigos e familiares que buscam sua identidade no espectro LGBTQIA+. Oro para que você também continue lendo e buscando uma compreensão do bom desígnio de Deus.

O que quer que você esteja considerando ao ler as páginas a seguir, minha oração é que você e eu interpretaremos todas as nossas questões e fardos de identidade através das lentes de nosso Criador e Salvador imutável e bom.

Tendência em alta entre meninas e mulheres jovens

Vamos começar dando uma olhada nos dados, porque a população de adultos que se identificam como LGBT está crescendo mais rápido do que nunca. Um em cada seis jovens adultos da geração Z se identifica como LGBT, de acordo com os dados da organização Gallup de 2020. Entre os da geração Z que se identificam como LGBT, 72% disseram que se identificam como bissexuais, o que significa que quase 12% de todos os adultos da geração Z se identificam como bissexuais. Por outro lado, cerca de metade dos *millennials* (a próxima geração mais velha) que se identificam como LGBT dizem que são bissexuais.[3]

---

3 As estatísticas neste parágrafo e nos seguintes são de Jeffrey M. Jones, "LGBT Identification Rises to 5.6% in Latest U.S. Estimate", *Gallup*, February 24, 2021 (disponível em: https://news.gallup.com/poll/329708/lgbt-identification-rises-latest-estimate.aspx, acesso em 6 set. 2022).

De todos os adultos americanos com 18 anos ou mais, 5,6% se identificam como LGBT, o que representa um aumento de 4,5% nos dados de 2017 da Gallup. Mais da metade dos adultos LGBT se identificam como bissexuais, o que significa que 3,1% de todos os adultos americanos atualmente se identificam como bissexuais.

As mulheres são mais propensas do que os homens a se identificarem como LGBT e, especialmente, como bissexuais. Mais de 4% das mulheres se identificam como bissexuais, e menos de 2% dos homens se identificam assim.[4] Pesquisas do Instituto Williams da Faculdade de Direito da UCLA (Universidade da Califórnia, Los Angeles) revelam que as mulheres bissexuais constituem o maior grupo de adultos LGBT — cerca de 35%.[5] Além disso, mais de 10% dos jovens do ensino médio dos Estados Unidos se identificam como LGBTQ. Entre eles, 75% são mulheres e 77% se identificam como bissexuais.[6]

A principal conclusão de todos esses novos dados é que a população LGBT está aumentando por causa do crescimento entre as gerações mais jovens, e a maior parte disso está acontecendo entre mulheres e meninas.

Eu vi as estatísticas acima reproduzidas em meus próprios estudos bíblicos femininos e grupos de amigas. Entre oito e dez anos atrás, várias amigas que experimentavam atração pelo mesmo

---

[4] Jones, "LGBT Identification Rises".
[5] Samantha Schmidt, "1 in 6 Gen Z Adults Are LGBT. And This Number Could Continue to Grow", *The Washington Post*, February 24, 2021 (disponível em: https://www.washingtonpost.com/dc-md-va/2021/02/24/gen-z-lgbt/, acesso em 6 set. 2022).
[6] Schmidt, "1 in 6 Gen Z adults".

sexo entendiam isso através de uma lente bíblica. Elas compartilhavam suas tentações com os pequenos grupos da nossa igreja, pediam acompanhamento e tomaram o caminho da fuga por anos (1Co 10.13). Foi uma honra me envolver na batalha com elas, orar com elas, relembrar a verdade com elas e ser sustentada por elas também, enquanto lutavam contra minhas tentações comigo.

Mas com o tempo, elas deixaram a igreja local, a igreja cristã em geral começou a conceder permissão e até mesmo celebração ao lesbianismo, bissexualidade e transexualismo, e todas elas agora se renderam. Há uma década, elas lutavam contra o que consideravam ser tentações ímpias e antibíblicas. Hoje, estão em casamentos do mesmo sexo, e uma fez a transição para ser um homem.

A tendência cultural mais ampla, refletida em números crescentes e numa lista cada vez maior de possibilidades de identidade, também é muito pessoal. Escrevo com nomes e rostos muito queridos em mente. Navegar nessa tendência cultural com graça e verdade não é fácil para nenhuma de nós.

O contágio social e como ele se espalha

Nas nações ocidentais ao longo da última década, houve "um aumento de 1.000 a 5.000% em mulheres adolescentes (principalmente brancas) que procuram tratamento em clínicas de gênero e psicólogos".[7] Considerando que "antes de 2012 não

---

[7] Preston Sprinkle, "Trans* Teenagers and Abigail Shrier's Irreversible Damage", *The Center for Faith, Sexuality & Gender* (blog), December 28, 2020 (disponível em: https://www.centerforfaith.com/blog/trans-teenagers-and-abigail-shrier-s-irreversible-damage, acesso em 6 set. 2022).

havia nenhuma literatura científica sobre garotas entre onze e vinte e um anos de idade que tivessem desenvolvido disforia de gênero"[8], essas meninas agora constituem a maioria entre os que procuram tratamento para disforia de gênero.

Abigail Shrier soou o alarme quando lançou *Irreversible damage: The transgender craze seducing our daughters* [Dano irreversível: a moda transgênero seduzindo nossas filhas] em 2020. O livro inclui mais de duzentas páginas de estatísticas, entrevistas e histórias contadas por meninas afetadas pela Disforia de Gênero de Início Rápido (DGIR, ou ROGD em inglês), seus pais, influenciadores de mídia social transgênero, educadores, terapeutas e médicos.

A DGIR, que é um novo diagnóstico, não é o mesmo que a disforia de gênero tradicional, que é marcada por disforia persistente desde a primeira infância. A DGIR é marcada por um início repentino em adolescentes que nunca antes experimentaram desconforto com seu gênero, e surge quase que exclusivamente entre grupos de meninas socialmente conectadas. A presença de um início rápido, bem como a prevalência da DGIR entre os grupos próximos, indica que essa disforia é impulsionada por um contágio social. Isso significa que muitos pesquisadores, profissionais e pais suspeitam que as recentes altas na disforia de gênero — o aumento nas estatísticas abordadas na seção anterior — se devem principalmente à influência de amigas. Um fenômeno contagioso semelhante foi observado entre as meninas na história recente com anorexia e automutilações.

---

8 Abigail Shrier, Irreversible Damage: The Transgender Craze Seducing Our Daughters (Washington, DC: Regnery Publishing, 2020), p. xxi.

FEMINILIDADE DISTORCIDA

O alarme soado por Shrier mostra como há uma tendência generalizada de afirmação de gênero sendo adotada por educadores, terapeutas, médicos e conselheiros escolares quando uma garota com DGIR chega até eles. A grande maioria é treinada para reafirmar o autodiagnóstico de disforia de gênero de uma garota. Há pouca consideração por outros problemas de saúde mental ou ansiedade típicos da adolescência. Conforme documentado por entrevistas em todo o país, os pais são ativamente excluídos e medidas permanentes são frequentemente tomadas com pouca ou nenhuma pausa, mudando o corpo e o futuro de uma garota para sempre. Shrier apresenta uma cena preocupante: uma garota precisa apenas declarar que é transgênero, e todos os especialistas e profissionais seguem sua direção.

O aumento da DGIR não é surpreendente quando consideramos mudanças radicais nos currículos de educação, conteúdos de mídias sociais e normas culturais nas últimas décadas. Começando no jardim de infância, muitas escolas ensinam uma espécie de taxonomia de gênero (usando personagens para isso, como o "unicórnio dos gêneros"). O objetivo é ensinar às crianças que sua identidade, expressão, sexo, gênero e orientação sexual podem ser coisas diferentes — ou seja, seus corpos e mentes não são unificados. (Lembra-se do dualismo entre corpo e mente que vimos no último capítulo?) As escolas oferecem clubes, atividades, dias e meses especiais para reconhecer e celebrar as crianças que se identificam como LGBTQIA+. As crianças escolhem seus próprios pronomes e, muitas vezes, as escolas não contam aos pais se seus pronomes não correspondem ao sexo biológico, por preocupação de que as crianças sejam maltratadas em casa. Bloqueadores de puberdade e transição social (comportando-se como o sexo oposto) são vistos como primeiros passos neutros. Os planos de saúde universitários oferecem hormônios intersexuais e até cirurgias de mudança de gênero. As consideradas melhores práticas entre terapeutas, conselheiros e médicos são apenas para afirmar o gênero escolhido e seguem a direção da criança. Enquanto isso, os pais são informados de que suas filhas provavelmente cometerão suicídio se eles não cooperarem plenamente.

De nada importa a realidade de que 70% das crianças que sofrem de disforia de gênero a superam.[9] Shrier entrevistou inúmeras desistentes (aquelas que desistem em sua disforia e buscam uma destransição). Essas jovens mulheres dizem que a transição na adolescência deu a elas uma maneira de escapar do estresse em casa, ansiedade na escola ou o que quer que as pressionasse na época. Elas assistiram a influenciadoras nas mídias sociais proclamarem que a testosterona as salvou. Quando elas ventilavam a ideia de que poderiam ser transgêneros para amigas, professores ou conselheiros, eram recebidas apenas com um reforço positivo irrestrito. *Você é tão corajosa! Estou tão orgulhosa de você!* Terapeutas, médicos e clínicas de gênero faziam tudo o que podiam para reafirmar a transição de gênero.

Mais de uma desistente disse que o mundo que elas habitavam era como uma "seita". Por dentro, a pessoa diz: "você acredita na não-realidade e não acredita na realidade". E há um preço alto se alguém questionar sua identidade trans. A

---

9 Shrier, *Irreversible Damage*, p. 119.

vergonha é o "mecanismo chave para controlar o comportamento daquele que repentinamente se identifica como trans".[10]

Todo o movimento é, estranhamente, regressivo. Quando educadores, conselheiros e influenciadores repetem, por exemplo, que meninos gostam de azul e meninas gostam de rosa, e se você é uma menina que gosta de azul, você deve na verdade ser um menino, o movimento apaga a diversidade. Ironicamente, aqueles que pensam que são os mais progressistas e libertários são, de fato, garotos e garotas mais vinculados a estereótipos limitantes e falsos.

Acadêmicos, pediatras, educadores e a maior elite dos jovens e especialistas em sexualidade do Ocidente estão totalmente envolvidos. Em seu foco único, deixam outras questões de saúde mental das meninas sem tratamento. Não duvido de sua compaixão e desejo de servir bem as crianças, mas estão fazendo exatamente o que o título do livro de Shrier diz: infligindo danos irreversíveis a uma geração inteira de meninas feridas.

Confundindo *como* estamos com *quem* somos

Em 2020, a atriz Ellen Page, estrela da série *The Umbrella Academy*, *Juno* e dos filmes dos *X-Men*, anunciou que se identificaria como um homem e passaria a se chamar Elliot Page. Enquanto Page começou seu anúncio no Twitter com gratidão pelo apoio e entusiasmo dos outros por finalmente ser seu "eu autêntico", a maior parte da mensagem tem um tom ameaçador. "Minha alegria é real, mas também é frágil", diz Page. "Estou

---

10 Citado em Shrier, *Irreversible Damage*, p. 188–189.

com medo (...). Para aqueles que lançam hostilidade contra a comunidade trans: vocês têm sangue em suas mãos (...), não ficaremos em silêncio diante de seus ataques."[11] Becket Cook, autor e *designer* de produção de Hollywood, que já foi um ateu gay mas encontrou Jesus Cristo e agora é celibatário, diz: "Por mais que a decisão trans de Page tenha sido recebida com aplausos jubilosos, o tom de seu próprio anúncio sugere que seu 'novo eu' é tênue, na melhor das hipóteses — preocupantemente dependente da afirmação e aceitação dos outros."[12]

Quando declaramos que o *como* estamos é *quem* somos, de fato nos tornamos tênues, frágeis e dependentes. Se o meu eu autêntico é que eu sou uma escritora cristã, então o que acontecerá comigo se eu sucumbir ao pecado de uma forma que me desqualifica ao ministério cristão? Ou se eu simplesmente não quiser mais escrever? Se o que eu *faço* é quem eu *sou*, então devo sempre manter uma performance, sempre me comportar assim, e implacavelmente buscar a aprovação dos outros para ter certeza de que estou fazendo certo.

Nós, humanos, somos finitos, frágeis e inconstantes. Assumimos um papel reservado apenas a Deus quando criamos nossas próprias identidades e evocamos nosso próprio valor. Temos que ser nosso próprio deus, nossa própria fonte de

---

11 Elliot Page (@TheElliotPage), Twitter, 1/12/2020, 10:10 (disponível em: https://twitter.com/TheElliotPage/status/1333820783655837701?ref_src=twsrc%5Etfw%7Ctwcamp%5Etweetembed%7Ctwterm%5E1334195506696884228%7Ctwgr%5E%7Ctwcon%5Es3_&ref_url=https%3A%2F%2F, acesso em 7 set. 2022).

12 Becket Cook, "Why Hollywood Praises Elliot Page (And Blacklists Me)", *The Gospel Coalition*, December 10, 2020 (disponível em: https://www.thegospelcoalition.org/article/hollywood-elliot-page-me/, acesso em 7 set. 2022).

significado, nossa própria fonte de poder e razão de ser. A verdade é que não podemos suportar isso. Nossa identidade e valor devem vir de uma fonte fora de nós mesmos, maior do que nós mesmos, mais permanente e estável do que nós mesmos, melhor, mais bela e mais verdadeira do que nós mesmos. Nossa identidade deve estar enraizada em algo (alguém) imutável, fixo e eterno.

Page está assustada e zangada, porque sabe que sua identidade depende da adesão e afirmação de outros humanos finitos, frágeis e inconstantes. Sua existência é tênue, porque é autoconfiante. Na verdade, Page, agora trans, estava recém-casada com uma mulher, mas se divorciou dela depois de se assumir como homem.

A verdade é que ela e todos nós fomos feitos não para confiarmos em nós mesmos ou para nos determinarmos, mas para descansarmos em nosso Criador imutável, amoroso e bom.

O golpe contra nosso Criador

Hoje no Ocidente, acreditamos que a coisa mais importante em nós é nosso desejo sexual. O sexo tornou-se tão central para o nosso modo de vida que negar aos outros sua preferência sexual ou suas ambições sexuais é negar-lhes sua própria identidade e sua chance de felicidade. Nós idolatramos tanto o romance, o erotismo e os relacionamentos que limitar qualquer uma dessas expressões, pensamos, é limitar a autenticidade e a própria vida. Adotar uma ética sexual bíblica agora é considerado discurso de ódio em todas as universidades, em jornais e na legislação.

Christopher Yuan é hoje autor e professor no Moody Bible Institute. Mas anos atrás, ele disse:

a sexualidade era o cerne de quem eu era, e tudo e todos ao meu redor afirmavam isso. E se a frase *eu sou gay* realmente significa que isso é *quem eu sou*, seria totalmente cruel se alguém me condenasse simplesmente por ser eu mesmo. No entanto, sabemos que somos criados à imagem de Deus (Gn 1.27). Assim, rejeitar nossa essência inerente e substituí-la simplesmente pelo que sentimos ou fazemos é, na realidade, uma tentativa de golpe de estado contra nosso Criador.[13]

Vemos aqui novamente o pensamento dualista. Em vez de ver os seres humanos como almas unificadas e encarnadas, essa maneira de pensar diz que "nosso verdadeiro eu é diferente do corpo em que vivemos [...]; nosso corpo é algo menor do que nós e pode ser usado, moldado e mudado para corresponder a como nos sentimos".[14]

Mas há alguma outra esfera além do gênero e da sexualidade onde dizemos que o que *sentimos* prevalece sobre quem realmente *somos*?

E se uma adolescente negra for à sua conselheira e disser: "Eu me sinto branca"? E se a conselheira encorajar a garota a usar um nome culturalmente aceito como "de branco", se envolver em atividades brancas e procurar tratamento para mudar a cor de sua pele e a textura de seu cabelo? A conselheira seria corretamente demitida e sua licença revogada, e haveria um protesto

---

[13] Christopher Yuan, *Holy Sexuality and the Gospel: Sex, Desire, and Relationships Shaped by God's Grand Story* (Colorado Springs: Multnomah, 2016), p. 9–10.
[14] Andrew Walker, *God and the Transgender Debate: What Does the Bible Really Say about Gender Identity?* (Charlotte, NC: The Good Book Company, 2018), p. 26.

FEMINILIDADE DISTORCIDA

público apropriado. Em vez disso, o curso ético de ação seria que a conselheira ajudasse a garota a ver que sua pele e cabelo negros são lindos, que sua vida como uma garota negra é importante e infinitamente digna, que o mundo precisa de sua boa contribuição como a garota negra que ela foi criada para ser.

Da mesma forma, não dizemos a uma garota que é perigosamente magra, mas só vê obesidade quando se olha no espelho: "Sim, porque você se sente acima do peso, você deve realmente ser". O curso adequado de tratamento para uma garota com um transtorno dismórfico corporal é ajudá-la a se sentir confortável em seu corpo, ajudá-la a tratar seu corpo com respeito e práticas saudáveis, e combinar seus sentimentos sobre seu corpo com o que é verdadeiro sobre ele.

Como já dissemos, o corpo feminino é glorioso, bom e digno de proteção e valorização. O corpo feminino não é defeituoso. A fisiologia feminina não precisa ser corrigida. Daqui a décadas, temo por um resultado semelhante ao do aborto: milhões serão desfiguradas ou mortas, e perceberemos que os danos irreversíveis nunca deveriam ter ocorrido. Veremos que uma abordagem mais integral e unificadora do corpo como apoio às meninas que sofrem teria sido muito melhor.

Deus realmente disse isso?

Somos criaturas com um Criador. Temos um Deus que nos criou e sabe o que é melhor para nós. Sabemos *quem* somos, porque sabemos *de quem* somos. Para os cristãos, nosso Criador é também nosso Salvador. Ele não só nos criou mas morreu na cruz para nos salvar.

Em alta: LGBTQIA+

Rachel Gilson, uma teóloga que atua no ministério universitário, é autora de *Born again this way*, sua própria história de se assumir como lésbica, depois chegar à fé e então alinhar sua vida com Jesus. Ela diz: "A linguagem [do evangelho] é muito imersiva: se pela fé recebemos a sua justiça, estamos *em* Cristo (Gl 3.26). Somos literalmente propriedade dele. Nós não somos nossos donos; nossos amigos não são nossos donos; nossas famílias não são nossas donas; nossas atrações não são nossas donas. Só Jesus é o nosso dono."[15]

Esta é a melhor história: pertencemos a Jesus. É ele quem nos ama, e isso é a coisa mais importante a nosso respeito.

Precisamos apenas nos lembrar da cruz para saber que Jesus é infinitamente bom, misericordioso e confiável. É do nosso próprio interesse confiar nele, caminhar com ele e honrá-lo. Ele não precisa da nossa obediência — nós precisamos dela.

O que se segue é apenas uma amostra do que a Bíblia diz sobre identidade de gênero, orientação sexual, sexualidade e relacionamentos. Esta não é, de modo algum, uma lista definitiva do que pode ser encontrado nas Escrituras, mas estas verdades são persistentemente úteis para mim ao navegar pelas promessas vazias da nossa época por mim mesma e com outros.

Para expressar sua imagem, Deus criou homem e mulher. A criação de ambos os sexos não foi acidental nem uma ideia tardia (Gn 1.27). Os dois gêneros são propositais e necessários.

---

[15] Rachel Gilson, *Born Again This Way: Coming Out, Coming to Faith, and What Comes Next* (Charlotte, NC: The Good Book Company, 2020), p. 133.

Gilson aponta: "A diferença de sexo é uma maneira fundamental pela qual a imagem de Deus é exibida na humanidade".[16]

Ambos os gêneros são necessários para criar uma nova vida. Deus ordenou a Adão e Eva que fossem frutíferos e se multiplicassem (Gn 1.28). Homens e mulheres têm o privilégio de serem subcriadores. A forma física de cada gênero torna óbvio que eles pertencem um ao outro; suas partes únicas criam um todo. Na verdade, a união de ambas as carnes é de fato uma *reunião*, pois Eva foi tirada de Adão (Gn 2.21) e, em seguida, na união sexual eles são unidos novamente.

Jesus confirma o projeto de Gênesis. Jesus afirmou a verdade e as implicações da criação quando os fariseus o testaram sobre o divórcio. Ele disse: "Não tendes lido que o Criador, desde o princípio, os fez homem e mulher e que disse: Por esta causa deixará o homem pai e mãe e se unirá a sua mulher, tornando-se os dois uma só carne? De modo que já não são mais dois, porém uma só carne. Portanto, o que Deus ajuntou não o separe o homem" (Mt 19.4–6). Jesus confirma que Deus criou as pessoas; que as criou homem e mulher; que somente homem e mulher podem se unir em plena união sexual com o gênero oposto; e que o que Deus faz, as pessoas não devem desfazer.[17]

Quando a humanidade insiste, Deus nos entrega à nossa idolatria, às nossas concupiscências, às nossas paixões desonrosas e, finalmente, à morte. Romanos 1.21-31 são versículos que causam temor, tanto para o primeiro século quanto para o século XXI. Os versos proíbem claramente a troca das relações naturais

---

16 Gilson, *Born Again This Way*, p. 32.
17 Walker, *God and the Transgender Debate*, p. 59.

entre os gêneros por paixão *dentro* dos gêneros. A Escritura diz claramente que "o comportamento homossexual é um pecado, não de acordo com quem o pratica ou pela motivação com que o procuram, mas porque esse ato, como uma mudança dos que detêm a verdade, é contrário ao bom desígnio de Deus".[18]

É errado aprovar o pecado sexual. Aqueles que conhecem os decretos justos de Deus, mas os rejeitam, Paulo diz em Romanos 1.32, merecem morrer. Essa é uma palavra difícil para nós, pois vivemos em uma época de "seja o que você quiser". Mas devemos lembrar que somos pessoas caídas e Deus é infinitamente santo. O salário do nosso pecado é a morte, mas Deus está pronto para oferecer a vida eterna àqueles que se voltam para ele (Rm 6.23).

O corpo não é para a imoralidade sexual, mas para o Senhor, e o Senhor para o corpo (1Co 6.12-20). Somos feitos por Jesus e para Jesus. O pecado sexual é um erro cometido contra nosso próprio corpo, o corpo do outro e contra o Senhor. Em vez de perguntar: "Até onde posso ir?", devemos perguntar: "Como posso honrar mais a Deus?".

Verdade real, graça real

Os seguidores fiéis de Jesus devem tomar uma decisão difícil, mas necessária, sobre quem seguirão: a forte corrente cultural dos nossos dias ou o Jesus ressurreto. Sinto isso de forma profunda e pessoal. Mesmo que eu andasse em perfeito amor para com os entes queridos em minha vida que abraçaram o

---

18 Kevin DeYoung, *O que a Bíblia ensina sobre a homossexualidade?* (São José dos Campos: Fiel, 2015), p. 68.

lesbianismo e a identidade transgênero, eles sabem minhas opiniões, e isso, por si só, pode causar alienação e distanciamento. E claro, eu não ando em perfeito amor. Estou terrivelmente aquém da paciência, gentileza e compaixão demonstradas por meu Salvador para comigo e para com elas. Minha oração e desejo é amá-las com graça e verdade, e confiá-las ao nosso bom Deus.

A palavra de Deus está cheia de verdades duras, especialmente quando se trata de gênero e sexualidade em nossos dias. Que seja a palavra de Deus a nos ofender e não nosso próprio orgulho, arrogância ou indelicadeza. Podemos *parecer* intolerantes, porque nos apegamos a uma ética sexual bíblica que foi rejeitada e ridicularizada, mas não devemos realmente *ser* intolerantes. Somos salvos pela graça através da fé; não é obra nossa (Ef 2.8-9). Portanto, nunca deve haver sequer um vestígio de orgulho ou arrogância em nossos próprios comportamentos. Fora de Cristo, não somos nada. Fora da obra salvadora de Jesus, estamos condenados.

Então, não devemos demonizar a atração homossexual ou os transgêneros ou qualquer outra coisa no espectro LGBTQIA+ como uma classe especial de pecados feios ou imperdoáveis. Classificar o pecado homossexual como pior do que o pecado heterossexual é conceder àqueles que não são do mesmo sexo justiça própria imerecida. Isso também enfraquece nossa resposta a outros pecados sexuais, como pornografia, adultério ou abuso sexual, categorizando-os como, de alguma forma, menos ofensivos ao nosso santo Deus.

Gosto da sugestão de Christopher Yuan: "Em vez de diferenciar entre desejos heterossexuais e desejos homossexuais, vamos usar as categorias bíblicas de bons desejos e desejos pecaminosos".[19] *Todos nós* devemos nos arrepender do pecado sexual e andar na dependência do nosso bom Deus.

Tome o caminho da fuga

Andrew Walker, autor de *God and the Transgender Debate* [Deus e o debate transgênero], diz que é importante distinguir entre experimentar um sentimento e agir de acordo com um sentimento. Ele diz: "Os indivíduos que experimentam disforia de gênero não estão pecando quando tais experiências ocorrem. Sentir que seu corpo é de um sexo e que seu eu é de um gênero diferente não é pecaminoso. [...]. Essa experiência é um sinal de que todos nós somos tão quebrados pelo pecado quanto a criação ao nosso redor."[20] E a tentação não é pecado, visto que mesmo Jesus passou por tentação (Hb 4.15). Mesmo quando seguimos nosso Senhor, passaremos por tentação até chegarmos ao céu.

A questão é: como vamos escolher responder à disforia e à tentação? Paulo diz: "Não vos sobreveio tentação que não fosse humana; mas Deus é fiel e não permitirá que sejais tentados além das vossas forças; pelo contrário, juntamente com a tentação, vos proverá livramento, de sorte que a possais suportar" (1Co 10.13). A tentação não é pecado, mas não deve ser levada na brincadeira. Devemos tomar posse da rota de fuga quando desejos não bíblicos surgirem. Walker conclui: "Decidir deixar um sentimento disfórico governar alimenta esse sentimento para que ele se torne a maneira como você se vê, a maneira

---

19 Yuan, *Holy Sexuality*, p. 69.
20 Walker, *God and the Transgender Debate*, p. 68.

FEMINILIDADE DISTORCIDA

como se identifica e a maneira como age — é pecaminoso, porque é decidir que seus sentimentos terão autoridade sobre você e definirão o que é certo e o que é errado."[21]

Não há espaço suficiente aqui para delinear cuidadosamente as diferenças e semelhanças entre tentações e disforia. E não há espaço para considerar os pecados que são cometidos contra nós e o papel que eles desempenham em nossos atos sexuais pecaminosos que resultam disso (por exemplo, agressão sexual e abuso contra crianças). O que quero deixar claro aqui é que aqueles que se encontram tentados ou disfóricos não devem sentir vergonha nem condenação, mas sim reconhecer que as tentações são profundamente antagonistas a nós. Fuja urgentemente e busque o cuidado e o acompanhamento de uma igreja local, bem como de conselheiros que honram a Cristo.

No fim das contas, o pecado contínuo endurece o coração, mas o arrependimento restaura em nós a alegria da nossa salvação (Sl 51.12).

Não pendure uma pedra de moinho

Eu tenho que me lembrar, todos os dias, de que o pecado e Cristo não podem conviver. Ele nos chama para vir e morrer, para que possamos nascer de novo, nele. As palavras do evangelho são certas e intensas: "Fazei, pois, morrer a vossa natureza terrena" (Cl 3.5); "revesti-vos de santidade" (Cl 3.12); e "tudo o que fizerdes, seja em palavra, seja em ação, fazei-o em nome do Senhor Jesus" (Cl 3.17).

---

21 Walker, *God and the Transgender Debate*, p. 68.

Os cristãos são pecadores que estão sendo diariamente renovados de dentro para fora. Os cristãos olham para a cruz e lembram que foram comprados com o sangue de Jesus. Ele é digno de nossa obediência. Nosso pecado e seu Espírito não podem permanecer juntos dentro de nós. "Os que são de Cristo Jesus crucificaram a carne, com as suas paixões e concupiscências" (Gl 5.24).

Rosaria Butterfield, que escreve sobre sua conversão a Cristo e abandono do lesbianismo no livro *Pensamentos secretos de uma convertida improvável*, diz que quando os líderes da igreja dizem que você pode manter seu pecado interior e ter a vida eterna também, eles penduram uma pedra de moinho em torno do pescoço daqueles que poderiam se render totalmente a Jesus.[22] Eles elevam suas próprias visões e as visões do mundo acima da verdade de Deus. Em sua rejeição ou reescrita das Escrituras, eles pensam que são mais misericordiosos do que o Deus que suportou a cruz para nos salvar.

Mas muita coisa está em jogo. Almas reais feitas à imagem de Deus, vida eterna, santificação e felicidade verdadeira e profunda em Jesus estão em jogo. Os seguidores de Cristo são ordenados a ter misericórdia e salvar outros, arrebatando do fogo aqueles que duvidam (Jd 22-23). Podemos confiar nossos entes queridos e nós mesmos a Jesus. Pela alegria que lhe fora proposta, Jesus suportou a cruz (Hb 12.2).

---

22 Agradeço a Rosaria Butterfield por proclamar essa verdade em "Love Your Neighbor Enough to Speak Truth", *The Gospel Coalition*, October 31, 2016 (disponível em: https://www.thegospelcoalition.org/article/love-your-neighbor-enough-to-speak-truth/, acesso em 7 set.2022).

Seja a nossa cruz proclamar graça e verdade a um grande custo ou deixar uma vida de pecado sexual pela alegria que nos foi proposta, com a ajuda de Deus, nós podemos suportá-la.

Sim, Deus realmente disse tudo isso. As promessas vazias de nossa época entregam morte, porque contradizem o doador da vida. Jesus oferece uma vida verdadeira, eterna e abundante quando morremos para nós mesmos e vivemos novamente nele. Realmente não há nada melhor.

Um povo separado

O chamado de Deus é para sermos santos, não heterossexuais. O alvo do evangelho não é nosso comportamento, mas nosso coração. Como Jackie Hill Perry diz em seu livro *Garota gay, bom Deus*: "Deus não estava me chamando para ser heterossexual; ele estava me chamando para si mesmo".[23] Na santidade, não na heterossexualidade, há liberdade real e profunda na alma. Ao render-se à misericórdia e ao amor do nosso Salvador, há liberdade. Jesus veio para que possamos ter vida abundante, vida real, vida plena (Jo 10.10). Essa é a melhor notícia possível!

Este capítulo (e este livro) não é uma mensagem de *seja uma boa menina e se comporte*; é um clamor para que você receba seu bom Deus, para poder provar e possuir a verdadeira liberdade. Liberdade não é a ausência de restrições. Liberdade é conhecer sua natureza e prosperar da maneira para a qual você foi projetada.

---

23 Jackie Hill Perry, *Garota gay, bom Deus: a história de quem eu era e de quem Deus sempre foi* (São José dos Campos: Fiel, 2020), p. 61.

Aqui está uma ilustração muito usada, mas útil: um peixe não é livre fora de seu aquário. Ele foi projetado para a água, e ficar imerso é bom para ele. Rejeitar o seu propósito é a sua morte. Nosso propósito é nos reconciliarmos com nosso Deus.

A inspiração de Glennon Doyle para *Indomável* veio quando ela viu um guepardo no zoológico e sentiu compaixão pela criatura, porque estava enjaulada, embora tenha sido criada para correr livre pela planície africana. Doyle traduziu essa experiência para si mesma, igualando a gaiola do guepardo às expectativas da sociedade sobre ela como mulher. Ela queria que o guepardo fosse livre, e ela queria ser livre. Mas tanto quanto o guepardo foi projetado para correr livremente, Glennon Doyle foi projetada à imagem de Deus, para ser uma mulher que tem "relações naturais" com um homem, não de modo "contrário à natureza" com outra mulher (Rm 1.26). Doyle trocou a jaula das expectativas da sociedade pela jaula do lesbianismo. Nem as expectativas culturais que ela queria descartar nem a homossexualidade refletem sua verdadeira natureza.

Nossa verdadeira natureza é adorar nosso Rei. Fomos feitos por Deus e para Deus (Cl 1.16). Fomos feitos para ser um povo separado, "raça eleita, sacerdócio real, nação santa, povo de propriedade exclusiva de Deus, a fim de proclamardes as virtudes daquele que vos chamou das trevas para a sua maravilhosa luz" (1Pe 2.9).

Você e eu fomos feitas para Jesus. *Quem nos ama é muito mais importante do que quem nós amamos.*

A verdade de *quem* nos ama nos transforma. Deus conforma aqueles que ama à imagem de seu Filho (Rm 8.29). Nós nos tornamos cada vez mais como Jesus a cada dia (2Co 3.18). E à medida que amamos a Deus, queremos guardar os seus mandamentos (Jo 14.15). A santidade leva à obediência. Os mandamentos de Deus nos libertam.

A verdadeira liberdade está em voltar para casa. A verdadeira liberdade é correr para os braços de nosso Pai, receber e vestir a melhor roupa, seu anel na nossa mão, suas sandálias nos nossos pés (Lc 15.22). A verdadeira liberdade é festejar, comer e celebrar com nosso Deus (Lc 15.23). A verdadeira liberdade está em sermos encontrados quando estávamos perdidos, em sermos vivificados novamente quando estávamos mortos (Lc 15.24).

Venha, vamos celebrar a melhor história. Fomos convidados a entrar.

Questões para discussão

1. Qual é a sua percepção pessoal ou experiência com autores e líderes que celebram o espectro LGBTQIA+, dentro e fora da igreja? Seus livros e ideias são populares em sua esfera de convivência? Você sente que a comunidade da sua igreja tende a afirmar, condenar ou buscar uma ética bíblica de graça e verdade quando se trata dessas questões?

2. Você já testemunhou o contágio social de mulheres e meninas se identificando cada vez mais como transgêneros ou gays em sua própria comunidade? Sua comunidade está reagindo bem ou mal?

3. Discuta esta declaração: Quando declaramos que *como estamos* é *quem somos*, de fato nos tornamos tênues, frágeis e

dependentes. Neste capítulo, vimos um exemplo disso com Ellen Page, e também compartilhei um exemplo da minha própria vida como escritora cristã. Em que área de sua vida você é tentada a pensar que "quem você é" é "como você está"?

4. Na seção intitulada "Deus realmente disse isso?", existem sete princípios bíblicos para considerarmos nas questões de gênero e sexualidade. Qual deles é o mais útil para você? Qual é novo para você? Ou qual é difícil para você?

5. Leia Romanos 1.18-32 e 1 Coríntios 6.12-20. Jackie Hill Perry diz: "Deus não estava me chamando para ser heterossexual; ele estava me chamando para si mesmo." Isso é verdade para todos. É o que Christopher Yuan chama de *sexualidade santa*. Os fiéis seguidores de Jesus devem tomar uma decisão difícil, mas necessária, sobre quem seguirão: a forte corrente cultural dos nossos dias ou o Jesus ressurreto. Como isso se aplica à sua própria vida?

6. O que você acha sobre a verdade de que não é "quem você ama", mas "quem ama você" que realmente importa? Encerre lendo e orando João 14.15-17, agradecendo ao Espírito Santo por sua ajuda e pedindo-lhe que capacite você a obedecer ao Pai.

Capítulo 8

Quando o casamento e a maternidade se tornam ídolos

"A maternidade é a maior vocação da mulher". Foi dito com admiração, reverência e autoridade. E foi dito em um chá de bebê do qual participei há alguns anos. Eu estava junto com várias amigas, incluindo uma que estava profundamente entristecida pela infertilidade e outra que ansiava por se casar.

Conhecendo os fardos das minhas amigas, a declaração doeu como um tapa no rosto. Eu debati interiormente se deveria ou não me levantar naquele momento e dizer: "Desculpe, isso absolutamente não é verdade." Se você já conduziu um estudo bíblico ou recebeu mais do que algumas pessoas com mais do que algumas opiniões, você conhece o sentimento. Dizer algo agora para o bem de todos na sala, ou deixar passar e tentar fazer o controle de danos mais tarde?

Eu escolhi a segunda opção, sem ter coragem, no momento, de azedar o humor do chá. Liguei para minha amiga que enfrentava infertilidade assim que entrei no carro ao ir para casa. "Sinto muito que você tenha ouvido aquilo", eu disse. Ela é inteligente e forte no Senhor e levou tudo com tranquilidade, mas aquilo deixou uma marca com certeza. Lamentamos o impacto destrutivo que aquela mentira pode ter tido em todas na sala. Minha outra amiga, a solteira que estava presente, não se abalou, ainda de olho no prêmio presumido do casamento e da maternidade em seu futuro.

FEMINILIDADE DISTORCIDA

Sério? Ídolos?

Nós amamos uma história que termina com amor verdadeiro e felizes para sempre. Fomos criadas com contos de fadas: o doce casal supera todas as probabilidades, se une no final e cria lindos filhos enquanto o sol se põe no horizonte. É o material das comédias românticas, filmes de sessão da tarde, e quase todas as histórias da Disney.

Primeiro vem o amor, depois o casamento, depois o bebê no carrinho.

E, de fato, casamento e maternidade são boas dádivas. Você nunca vai me ouvir dizer o contrário. O amor romântico é uma bênção. O amor pactual no casamento é notável. O casamento como um símbolo do amor de Cristo pela igreja (como discutido no capítulo 5) induz admiração e adoração em mim. Os filhos são uma dádiva do Senhor (Sl 127.3). Quem recebe essas dádivas deve se alegrar e administrá-las bem.

Mas a igreja cristã — pelo menos a igreja nos Estados Unidos, que eu amo e sirvo com todo o meu coração — tem uma tendência a colocar o casamento e a maternidade em um pedestal que as Escrituras não apoiam. Lembre-se: "Um ídolo é qualquer coisa que você olhe e diga, no fundo de seu coração: 'Se eu tiver isso, sentirei que minha vida tem um sentido, e então saberei que tenho valor e estarei seguro e em posição de importância'".[1]

Os ídolos são coisas boas que transformamos em coisas definitivas.

---

1 Timothy Keller, *Deuses falsos* (Rio de Janeiro: Thomas Nelson Brasil, 2010), p. 16.

Conversas na igreja

Nós, na igreja, podemos perceber que tornamos o casamento e a maternidade em ídolos pela maneira como falamos sobre eles e os encaixamos em nossos ministérios e programas. Nossas palavras e boletins da igreja revelam, mesmo que de forma provavelmente subconsciente, que não podemos imaginar que adultos solteiros ou sem filhos realmente "chegaram lá". Duvidamos da maturidade deles até que tenham um cônjuge e filhos para provar.

Conheço muitos solteiros e casais sem filhos que foram feridos, confundidos ou irritados por comentários imprudentes feitos por membros da família da igreja:

- Você está namorando alguém? Conheço alguém com quem posso arrumar um encontro.
- Não se preocupe; você encontrará a pessoa certa em breve.
- A *verdadeira* santificação acontece quando você se casa (ou tem filhos).
- Você não entenderia; você ainda não é mãe (ou pai).

Adultos solteiros e sem filhos muitas vezes sentem que estão em segundo plano. Eles sabem que geralmente são os últimos a serem considerados para anfitriões ou líderes de um evento. Eles sentem que os outros pensam que eles estão vivendo uma adolescência prolongada. E assim, muitos simplesmente deixam a igreja. Um estudo recente do instituto de pesquisas LifeWay revela que, entre os cristãos de 23 a 30 anos que pararam de frequentar regularmente a igreja, 29% disseram que isso ocorreu, porque não se sentiam mais conectados às pessoas de lá.[2]

Tentando se opor à cultura

O casamento e a maternidade são boas dádivas e podem parecer fora de lugar em um livro sobre falsificações culturais. Mas, como todos as boas dádivas, se buscarmos no casamento e na maternidade o nosso significado, valor, importância ou segurança final, e não no próprio Deus, então eles realmente se tornam ídolos. Nós, especialmente na igreja, podemos dar mais peso a essas dádivas temporárias e secundárias do que elas foram feitas para suportar. Mas como isso aconteceu? Como chegamos a isso?

Durante décadas, a igreja tem estado ocupada lutando contra falsificações culturais que são basicamente o oposto do casamento e da maternidade — coisas já mencionadas neste livro, como a autonomia do eu, os relacionamentos sem compromisso e o aborto. A igreja tem razão em reagir contra as formas pelas quais a Revolução Sexual tem depreciado a mulher, o casamento e a família. Mas, ao fazer isso, inadvertidamente desvalorizamos a solteirice e a falta de filhos, que não são menos valiosos, não são menos projetados por Deus e não são menos intencionados pelo nosso Criador do que o casamento e a parentalidade.

---

[2] Aaron Earls, "Most Teenagers Drop Out of Church as Young Adults" *LifeWay Research*, January 15, 2019 (disponível em: https://research.lifeway.com/2019/01/15/most-teenagers-drop-out-of-church-as-young-adults/, acesso em 8 set. 2022).

A autora Rebecca McLaughlin conclui: "Embora tenhamos razão em defender o casamento acima de qualquer outra forma de relacionamento sexual (da promiscuidade, por um lado, à coabitação de longo prazo, por outro), não temos razão em defender o casamento acima da solteirice fiel. O apóstolo Paulo não ficaria impressionado."[3]

Sementes lançadas na cultura da pureza

Minha família, certa vez, foi a um casamento em que a pureza da noiva foi o centro das atenções. Várias vezes durante a cerimônia o pastor mencionou sua pureza. Ela foi celebrada em todos os discursos durante a recepção, e também foi elogiada em nossas conversas com vários membros da família da noiva. Por um lado, era benéfico considerar e se alegrar publicamente com um compromisso contracultural de se abster do sexo até o casamento. Por outro lado, foi, bem, muito estranho. O destaque para a noiva, em vez de ambos os membros do casal e em vez de Jesus, simplesmente parecia *errado*.

Meu marido e eu não crescemos entrincheirados em uma cultura de igreja cristã. Embora, às vezes, lamentemos a falta de uma profunda comunidade de igreja em nossas infâncias, também sabemos que foi o bom plano de Deus para nós. Na verdade, agora há algumas coisas que podemos olhar para trás e sermos gratos por termos perdido. Uma dessas coisas é o dano imprevisto causado pelo movimento de pureza do final dos

---

[3] Rebecca McLaughlin (@RebeccMcLaugh), Twitter, April 29, 2020, 9h22 (disponível em: https://twitter.com/RebeccMcLaugh/status/1255517844751691776, acesso em 8 set.2022).

anos 1980, 1990 e início dos anos 2000. Não me interpretem mal; a pureza é boa, e acho que a igreja tinha boas intenções com o movimento de pureza. Mas, agora, temos que ser honestos e reconhecer o moralismo hipócrita que ele criou.

O movimento de pureza cristã evangélica foi marcado por comícios, promessas, concertos e cerimônias com anéis em que adolescentes cristãos prometiam abster-se de sexo até o casamento. Em *Talking back to purity culture* [Voltando a falar da cultura da pureza], Rachel Welcher descreve como o movimento de pureza se alinhou com o individualismo americano, ensinando ao adolescente que tomar a decisão pessoal de se abster do sexo até o casamento beneficiaria sua vida, seu casamento, sua futura família e sua reputação.[4] Ela diz que o movimento "prometeu que a pureza pré-matrimonial resultaria em um casamento próspero". "Eles me disseram que a obediência sexual garantiria uma bênção específica", diz Welcher.[5]

Dessa forma, o casamento, o sexo e a geração de filhos foram transformados em uma mensagem de prosperidade: *Faça isso para receber aquilo*. Ou, mais precisamente, *não faça isso para receber aquilo*. Nosso comportamento moralista, aprendemos, conquistaria nosso futuro. Isso é um falso evangelho. Essa é uma mentira que rouba a glória de Jesus. "A virgindade não fornece nossa pureza. Jesus é quem fornece."[6]

---

[4] Rachel Welcher, *Talking Back to Purity Culture: Rediscovering Faithful Christian Sexuality* (Downers Grove: InterVarsity Press, 2020), p. 23.
[5] Welcher, *Talking Back to Purity Culture*, p. 7.
[6] Welcher, *Talking Back to Purity Culture*, p. 29.

O irmão mais velho

Grande parte da geração X e muitos *millennials* cresceram ouvindo essa mensagem de justiça por obras. O resultado é nada menos que trágico: um relacionamento com Deus e uma vida para sua glória foram trocados pelos deuses menores de um bom casamento, ótimo sexo e ótimos filhos. Muitos depositam sua esperança na promessa vazia de pureza, em vez de abraçar a bondade de seu Deus.

Se os quatro primeiros ídolos descritos neste livro podem ser atribuídos ao filho pródigo, então este pode ser atribuído ao seu irmão mais velho. Quando Jesus contou a história do filho pródigo (Lc 15.11-32), ele a destinou aos ouvidos dos fariseus, que acreditavam que a bênção e a salvação vinham através da obediência às Escrituras. Tim Keller diz que toda a parábola revela que *tanto* a autodescoberta (a licenciosidade do irmão mais novo) *quanto* a conformidade moral (o legalismo do irmão mais velho) nos impedem de encontrar felicidade e realização em uma relação com o Pai que nos criou.[7]

Quando o irmão mais velho descobre que a vida dissoluta de seu irmão foi recompensada com presentes generosos e um banquete, ele grita com raiva contra seu pai — "Mas ele respondeu a seu pai: Há tantos anos que te sirvo sem jamais transgredir uma ordem tua, e nunca me deste um cabrito sequer para alegrar-me com os meus amigos; vindo, porém, esse

---

[7] Timothy Keller, *Prodigal God: Recovering the Heart of the Christian Faith* (Nova Iorque: Dutton, 2008), p. 29 [em português: *O Deus pródigo: recuperando a essência da fé cristã* (São Paulo: Vida Nova, 2019)].

FEMINILIDADE DISTORCIDA

teu filho, que desperdiçou os teus bens com meretrizes, tu mandaste matar para ele o novilho cevado" (Lc 15.29-30).

Enquanto a vida dissoluta do irmão mais novo o distanciava de seu pai, no caso do irmão mais velho era seu orgulho em seu próprio comportamento moralista. O irmão mais novo buscou a boa vida ao tomar a riqueza do pai e partir para o país distante. O irmão mais velho buscou a boa vida ganhando a riqueza do pai através da obediência estrita. *Ambos os filhos estavam atrás das riquezas do pai, mas não de um relacionamento com o próprio pai.*

Por décadas, a igreja cristã nos Estados Unidos tem testemunhado a vida dissoluta do irmão mais novo, conforme apresentado pela Revolução Sexual — exploração do corpo, sexo barato, pornografia, divórcio, homossexualidade, aborto e assim por diante — e se propôs a ser, em vez disso, o excelente irmão mais velho. *Nós não queremos ser assim*, respondemos. *Seremos puros, seremos bons, seremos diferentes.* E assim, o casamento e a maternidade passaram a ser exaltados, ídolos em pedestais, duas boas dádivas vistas como as melhores dádivas, recompensas por bom comportamento e por escolhas certas.

Um problema óbvio, no entanto, é que as mulheres que não são casadas ou não são mães são consideradas cristãs inferiores. Quando dizemos que "a maternidade é a maior vocação de uma mulher", estamos dizendo *em alta voz* que há algo de errado com você se não for mãe. Estamos dizendo que mulheres solteiras e sem filhos não estão à altura. Estamos dizendo que elas não alcançaram o *verdadeiro* propósito de Deus para elas.

Celibato e Jesus

Como vimos em capítulos anteriores, a Bíblia ensina que a união sexual é projetada para o casamento entre um homem e uma mulher. Portanto, a única opção para alguém que é solteiro e comprometido em seguir os ensinamentos da Bíblia é o celibato. Mas o celibato parece absurdo e fanático para nossas mentes ocidentais.

Nossos imediatos "você está namorando alguém?" ou "não se preocupe; você vai encontrar alguém em breve" nos traem. Nós, na igreja, não conseguimos compreender o celibato. Ser solteiro é ser solitário, pensamos; é carecer de intimidade.

Mas, como Sam Allberry sabiamente aponta, dizer que "uma vida sem realização sexual não é realmente uma maneira autêntica de viver é, na verdade, dizer que Jesus não veio totalmente em carne, que a sua vida não era uma vida humana plena. Dizer que é desumanizador ser celibatário é desumanizar Cristo".[8]

As visões que ingerimos e pelas quais vivemos têm implicações reais. Jesus era plenamente homem, vivia uma vida digna e plena, e era totalmente celibatário. O celibato, então, especialmente entre os seguidores de Cristo, não deve ser visto como algo extremo e louco, mas sim como uma boa dádiva, digna de nossa busca.

Receba se puder

Em relação à solteirice, Jesus concluiu: "Quem é apto para o admitir admita" (Mt 19.12). Ele disse isso depois que os fariseus o

---

8 Sam Allberry, *7 Myths about Singleness* (Wheaton: Crossway, 2019), p. 26.

FEMINILIDADE DISTORCIDA

interrogaram sobre o casamento, e ele os advertiu de que o que Deus uniu o homem não deveria separar. Eles o pressionaram e apontaram que até Moisés permitia certidões de divórcio. Jesus respondeu: "Por causa da dureza do vosso coração é que Moisés vos permitiu repudiar vossa mulher; entretanto, não foi assim desde o princípio. Eu, porém, vos digo: quem repudiar sua mulher, não sendo por causa de relações sexuais ilícitas, e casar com outra comete adultério" (Mt 19.8-9).

A resposta dos discípulos me inquieta: "Se essa é a condição do homem relativamente à sua mulher, não convém casar" (Mt 19.10). Consegue imaginá-los? Eles provavelmente olharam um para o outro com as sobrancelhas erguidas, pensando: *Ei, você nunca pode deixá-la? Não pode se casar com mais ninguém? Melhor nem se casar então.*

Jesus passou a explicar que existem eunucos que são assim desde o nascimento, eunucos tornados assim por outros homens, e eunucos que escolheram ser assim por causa do reino dos céus (Mt 19.11-12). Os eunucos eram homens solteiros e celibatários — alguns escolhiam voluntariamente uma vida de abstinência a serviço de um governante, e alguns involuntariamente por nascimento ou castração. De qualquer forma, eles receberam o dom da solteirice. O uso de eunucos por Jesus nesta história "significava mais do que alguém simplesmente não se casar, mas sim pôr de lado o direito de casamento e procriação [...]. Jesus está sugerindo que há alguns que desistirão voluntariamente das bênçãos do casamento e da descendência por causa do reino de Deus".[9]

A conclusão de Jesus foi: *receba a solteirice, se puder*. É um esforço digno e que honra a Deus renunciar a um cônjuge e filhos por causa dele.

O apóstolo Paulo, também solteiro, ecoou as palavras de Jesus. Ele disse: "E isto vos digo como concessão e não por mandamento. Quero que todos os homens sejam tais como também eu sou; no entanto, cada um tem de Deus o seu próprio dom; um, na verdade, de um modo; outro, de outro. E aos solteiros e viúvos digo que lhes seria bom se permanecessem no estado em que também eu vivo. Caso, porém, não se dominem, que se casem; porque é melhor casar do que viver abrasado" (1Co 7.6-8).

Embora o casamento seja certamente uma dádiva, Paulo é rápido em nos lembrar de que a solteirice também é. Um homem casado "cuida das coisas do mundo, de como agradar à esposa", e uma mulher casada também "se preocupa com as coisas do mundo, de como agradar ao marido" (1Co 7.33-34). Essa é a natureza do casamento — você deve estar atento às necessidades e desejos do outro. Você deve até mesmo estar pronto para renunciar sua própria vocação percebida em favor do interesse de seu cônjuge. Eu conheço muitos casais dos quais um dos cônjuges se sentiu chamado para missões no exterior, mas teve que deixar esse sonho de lado, porque o outro cônjuge não compartilhava dele. É disso que Paulo está falando.

---

[9] Barry Danylak, *Redeeming Singleness: How the Storyline of Scripture Affirms the Single Life* (Wheaton: Crossway, 2010), p. 153.

No casamento, há inúmeras preocupações e considerações que simplesmente não se aplicam quando você é solteiro.

O missionário mais aclamado de todos os tempos e autor de grande parte do Novo Testamento foi inspirado pelo Espírito Santo a dizer que gostaria que todos fossem solteiros como ele é. Por que então insistimos em que o casamento é melhor?

Solteira ou casada, Deus presenteou você com seu estado atual. Deus é soberano, bom e confiável. Ele não cometeu um erro. Ele não se esqueceu de você. Ele ordenou seu estado civil para seus bons propósitos. Aprecio a conclusão de Allberry: "Se não aceitamos a ideia de que a solteirice é um dom, não é porque Deus não nos compreendeu, mas porque nós não o compreendemos."[10]

Duas alianças e uma comissão

Prepare-se para pensar teologicamente e vamos dar uma olhada rápida nas duas alianças e uma comissão que compõem a história de toda a Bíblia. Em Gênesis 15, Deus fez uma aliança com Abraão e disse: "Então, conduziu-o até fora e disse: Olha para os céus e conta as estrelas, se é que o podes. E lhe disse: Será assim a tua posteridade" (Gn 15.5). Deus estava indicando que Abraão iria gerar muitas nações e ter filhos mais numerosos do que as estrelas, e que eles seriam o povo de Deus.

Vemos a coroação da nova aliança nas últimas palavras de Jesus, após sua ressurreição e antes de sua ascensão ao céu, quando ele dá aos seus seguidores a Grande Comissão: "Ide, portanto,

---

[10] Allberry, 7 Myths, p. 37.

fazei discípulos de todas as nações, batizando-os em nome do Pai, e do Filho, e do Espírito Santo; ensinando-os a guardar todas as coisas que vos tenho ordenado. E eis que estou convosco todos os dias até à consumação do século" (Mt 28.19-20).

A família de Deus agora cresce à medida que compartilhamos o evangelho com os outros. A nova aliança por meio de Jesus cumpre a aliança de Deus com Abraão. Estamos nos tornando mais numerosos do que as estrelas no céu, somos descendentes de Abraão, bem como de Jesus. Nós, a igreja, somos o novo Israel.

O evangelho é escrito na situação familiar de Jesus

De vez em quando, um documentário aparece no canal *History Channel* alegando ter encontrado um texto ou artefato antigo que prova que Jesus teve uma esposa secreta e filhos secretos. Os documentários, embora fantásticos e sempre muito populares, são sempre facilmente desmascarados por estudiosos sérios. Eles só vivem em romances populares. Para ser honesta, sempre considerei a solteirice de Jesus e a falta de filhos biológicos algo sem relevância. Uma espécie de *tanto faz, foi como Deus quis, eu acho*.

Mas o que eu passei a entender e apreciar é que a solteirice de Jesus e a falta de filhos físicos é *central* para a mensagem do evangelho. O estado civil e familiar de Jesus não era simplesmente uma circunstância aleatória, mas sim proposital e rico de significado. Primeiro, "sua solteirice na terra deu testemunho do casamento final que ele veio estabelecer".[11] Como vimos no capítulo 5, não nos casaremos com nossos cônjuges terrenos no céu, porque todos nós que estamos em Cristo Jesus seremos sua noiva e ele será nosso noivo. Entendo que isso é tão difícil de compreender no capítulo 8 quanto no capítulo 5, mas a condição de solteiro de Jesus na terra aponta para a realidade futura de que ele é o noivo e nós, a Igreja, somos sua noiva.

Em segundo lugar, a falta de filhos físicos de Jesus é um lembrete brilhante de que nós, que o seguimos, somos sua família. Durante seu ministério na terra, uma multidão disse a Jesus: "Tua mãe e teus irmãos estão lá fora e querem ver--te. Ele, porém, lhes respondeu: Minha mãe e meus irmãos são aqueles que ouvem a palavra de Deus e a praticam" (Lc 8.20-21). Jesus nos mostra que a família de Deus é eterna e primária, enquanto nossas famílias nucleares na terra são apenas temporárias e secundárias.

Os laços espirituais unem com mais força do que os biológicos.

Jesus, com seu amor generoso, promete que nossas famílias espirituais serão cem vezes mais benéficas para nós do que mães, pais, irmãos, cônjuges e filhos terrenos. Quando Pedro disse a Jesus: "Eis que nós deixamos nossa casa e te seguimos", Jesus respondeu: "ninguém há que tenha deixado casa, ou mulher, ou irmãos, ou pais, ou filhos, por causa do reino de Deus, que não receba, no presente, muitas vezes mais e, no mundo por vir, a vida eterna" (Lc 18.28-30). Embora

---

11 Allberry, 7 Myths, p. 120.

seja verdade que nosso Deus nos pede para deixar tudo para segui-lo, ele responde a esse sacrifício com a dádiva de si mesmo, a vida eterna e uma família que abrange todas as gerações, bem como todo o globo.

Cristã, você e eu pertencemos a Deus. Nosso Pai é Deus Todo-Poderoso, Criador do céu e da terra. Somos muito amadas. Nosso relacionamento "é mais permanente e mais precioso do que os relacionamentos em nossas famílias físicas".[12]

Família por reclusão ou inclusão

Como a visão de família que Jesus tem para nós é diferente do que normalmente vemos na vida ocidental. Nas atividades diárias da família nuclear americana, a mãe e o pai devem ser chefes de família, cuidadores, fazedores de almoço, treinadores esportivos, professores de *hobbies*, planejadores de férias, líderes de adoração familiar e organizadores de festas; para não falar em disciplinadores, mentores, guias sábios e amigos de seus filhos. Allberry diz: "As pessoas simplesmente presumem que essas unidades familiares devem ser autossuficientes e autolimitadas. A aspiração é ter uma esposa ou um marido, 2 a 5 filhos, um labrador preto e uma bela casa. Uma vez que tudo isso é adquirido, você tem aquilo de que precisa para seguir a vida — então você puxa a ponte levadiça e vive feliz para sempre."[13]

---

[12] John Piper, "Single in Christ: A Name Better Than Sons and Daughters", *desiringGod.org*, April 29, 2007 (disponível em: https://www.desiringgod.org/messages/single-in-christ, acesso em 8 set. 2022).

[13] Allberry, *7 Myths*, p. 70.

FEMINILIDADE DISTORCIDA

Minhas filhas eram bebês e meninas pequenas quando moramos no Japão, e elas variavam do jardim de infância ao ensino médio quando moramos na República Tcheca. Nosso chamado para missões no exterior não nos deixou outra opção senão abraçar a família de Deus em nossa vida diária. Minhas meninas foram imensuravelmente abençoadas por mulheres solteiras e mulheres casadas sem filhos que lhes ensinaram piano, balé e arte. Elas chamavam mulheres sem parentesco de sangue de "tias". Elas tinham irmãos mais velhos e tios que as empurravam no balanço e jogavam basquete com elas no nosso quintal. Elas realmente tinham cem vezes mais família, amor e presentes do que meu marido e eu poderíamos ter oferecido sozinhos. Agora que estamos de volta aos Estados Unidos, esse tipo de vida diária com os outros é muito mais difícil de encontrar. Devo admitir que cedemos um pouco ao ritmo da vida aqui, às expectativas de atividades e interesses. É lamentável, realmente. Viver no ritmo do sonho americano não é, nem de longe, tão doce quanto o tempo gasto apenas estando com nossos irmãos em Cristo.

Em um esforço para contra-atacar a maré cultural que procura dissolver a família, a igreja no Ocidente tem, de muitas maneiras, tornado a família nuclear em algo definitivo. Nós adoramos nossas famílias quando as tornamos centrais para a nossa vida e nossa identidade. Em contraste, aqui está o que o Senhor disse aos eunucos através do profeta Isaías:

> Aos eunucos que guardam os meus sábados, escolhem
> aquilo que me agrada e abraçam a minha aliança, darei

na minha casa e dentro dos meus muros, um memorial e um nome *melhor do que filhos e filhas*; um nome eterno darei a cada um deles, que nunca se apagará. (Is 56.4-5)

Deus diz que aqueles que permanecem solteiros e sem filhos, mas se apegam à sua aliança e guardam seu sábado — ou seja, aqueles que lhe obedecem e confiam nele, aqueles que descansam nele — receberão bênçãos ainda melhores do que filhos e filhas. É melhor estar na família eterna de Deus e ser um membro de sua casa do que ter seus próprios filhos. Quão diferentes são essas verdades bíblicas do que aquelas que tantas vezes ouvimos em contextos cristãos hoje. Certamente está muito longe do que ouvi no chá de bebê!

Não devemos moralizar o casamento e a maternidade

O problema com "a maternidade é a maior e mais elevada vocação da mulher" é que esse é um julgamento moral. É dizer que boas mulheres são mães. É dizer que a maternidade é a *melhor* maneira de ser uma mulher. Eu amo ser mãe e considero isso uma das minhas maiores alegrias, mas não é, de forma alguma, o resultado do meu bom comportamento ou de minhas escolhas sábias ou uma indicação de minha condição de preferida no reino de Deus. Não é quem eu sou.

Quando moralizamos o casamento e a maternidade dessa maneira, criamos inadvertidamente uma hierarquia na igreja com as mães acima (quanto mais filhos, mais piedosas) e as solteiras sem filhos abaixo. Inconscientemente, louvamos as primeiras e alienamos as últimas.

Não só isso, como também diminuímos a diversidade. Minha amiga solteira, que é missionária e mãe espiritual de muitos, diz que essa falsa ideia de maternidade reduz as mulheres a uma dimensão, quando somos realmente feitas para muito mais. Nosso Deus é criativo e projetou cada uma de nós com diversas habilidades, talentos e recursos. O que quer que você e eu façamos, em palavra ou ação, façamos tudo em nome do Senhor Jesus, dando graças a Deus Pai por meio dele (Cl 3.17).

Para muitas de nós, pela graça de Deus, isso significará casamento e maternidade. Para muitas de nós, também pela graça de Deus, isso significará solteirice e ausência de filhos. Quem sabe o que Deus tem para cada uma de nós?

Nossa maior vocação não se limita a um papel temporário aqui na terra. Casamento e maternidade são temporários. Eles não podem fornecer a satisfação da alma que ansiamos. Nossos cônjuges e filhos irão vacilar e falhar; eles nunca nos darão o que só Jesus pode, porque você e eu fomos criadas por Jesus e para Jesus.

Se você fez do casamento e da maternidade o prêmio de sua vida — sejam eles seus papéis agora ou se você anseia que sejam — você, sem dúvida, enfrentará a raiva e a decepção, porque eles inevitavelmente cairão, como caem todos os ídolos. O irmão mais velho grita com seu pai: "Há tantos anos que te sirvo sem jamais transgredir uma ordem tua, e nunca me deste um cabrito sequer para alegrar-me com os meus amigos" (Lc 15.29). Ele estava em busca dos bens de seu pai, em vez do próprio pai. Mas assim como o pai foi até o filho pródigo, assim nosso Pai vem até nós.

"Meu filho", diz o pai, "tu sempre estás comigo; tudo o que é meu é teu" (Lc 15.31). Essa promessa é para você e para mim também. Tudo o que é do Pai é nosso. Ele esteve aqui conosco o tempo todo, mas não nos aproximamos. Buscamos as dádivas em vez de buscar o doador. Que não seja assim. Que você, eu e toda mulher — casada ou não, com ou sem filhos — possamos buscar as coisas lá do alto, onde Cristo está. Ele é a nossa vida, e um dia seremos manifestadas com ele e toda a sua família em glória (Cl 3.2-4).

Questões para discussão

1. Você já ouviu alguém dizer: "A maternidade é a maior vocação da mulher"? Ou você já ouviu outras declarações em ambientes cristãos que inadvertidamente causam danos, como "a verdadeira santificação acontece quando você se casa" ou "você não entenderia; você ainda não é mãe"? Se declarações como essas não foram pessoalmente difíceis de ouvir, você pode imaginar como elas podem ser para outras pessoas?

2. Você tem alguma experiência pessoal com o movimento de pureza? Você viu algum dano causado pelo que poderia ser percebido como uma mensagem de justiça pelas obras dessa época do evangelicalismo? Qual é a potencial consequência de trocarmos um relacionamento com Deus e uma vida para sua glória pelos deuses menores de um bom casamento, ótimo sexo e ótimos filhos?

3. Você já considerou que tanto Jesus como o apóstolo Paulo eram solteiros? O que você pensa de Jesus dizendo: "Quem é apto para o admitir admita" (Mt 19.12) e Paulo dizendo: "Quero que todos os homens sejam tais como também eu sou" (1Co 7.7).
4. Reflita sobre as duas alianças e uma comissão. Como a aliança de Deus com Abraão é semelhante e diferente de sua nova aliança por meio de Jesus? De que forma Israel e a Igreja são iguais e diferentes? Leia Mateus 28.19-20 e fale sobre como a Grande Comissão é uma espécie de coroa sobre as alianças.
5. Você prioriza sua família em Cristo? Você arranja tempo para estar com seus irmãos e irmãs na igreja? Ou você tende a ficar isolada dos outros em sua igreja? Como seria ser mais inclusiva com seus irmãos espirituais no seu dia-a-dia?
6. Você tende a querer as bênçãos do Pai, mas não um relacionamento com o Pai? Leia Lucas 15.31 e encerre agradecendo a Deus por essa verdade e pedindo que ele abra seus os olhos para ela cada vez mais.

Parte 3

Fomos feitas para muito mais

Verdadeiramente, nosso Deus é o doador da vida. Ele é por nós. Seu propósito para mulheres e meninas é bom. Nosso papel em sua grande história é eterno e glorioso, porque ele também é. A Parte 3 está cheia das Boas-novas que temos em Jesus, nosso gentil Criador e Salvador. Não importa o que tenhamos feito, não importa como nosso mundo é, não importa o que aconteça, nosso Pai está conosco e nos oferece tudo o que tem.

> O ladrão vem somente para roubar, matar e destruir; eu vim para que tenham vida e a tenham em abundância. Eu sou o bom pastor. O bom pastor dá a vida pelas ovelhas. O mercenário, que não é pastor, a quem não pertencem as ovelhas, vê vir o lobo, abandona as ovelhas e foge; então, o lobo as arrebata e dispersa. O mercenário foge, porque é mercenário e não tem cuidado com as ovelhas. Eu sou o bom pastor; conheço as minhas ovelhas, e elas me conhecem a mim, assim como o Pai me conhece a mim, e eu conheço o Pai; e dou a minha vida pelas ovelhas. (Jo 10.10-15)

Capítulo 9
É bom ser menina

Quando olhei ao redor em minha igreja num domingo recente, vi o que a grande maioria das igrejas testemunha todas as semanas: mais mulheres do que homens. Você sabe que, pelo nosso passeio histórico no capítulo 2, a igreja cristã sempre foi majoritariamente feminina. É irônico, porque o mundo secular enquadra o cristianismo como sexista, quando, na verdade, Jesus e sua igreja sempre foram, desinibidamente, a favor das mulheres.

A igreja evangélica protestante nos Estados Unidos é atualmente composta por 55% do sexo feminino e 45% do sexo masculino.[1] Quando digo às minhas amigas essas estatísticas e realidades históricas, elas ficam sempre chocadas.

Há uma ideia ferina, muitas vezes implícita, de que os meninos se dão melhor do que as meninas. De fato, acabamos de explorar cinco ídolos do mundo ocidental que têm sido especialmente destrutivos para mulheres e meninas. Quando se trata de beleza e habilidade exteriores, relacionamentos sem compromisso, aborto, gênero e sexualidade, casamento e maternidade, mulheres e meninas, de fato, enfrentam um conjunto único de circunstâncias culturais que nossos irmãos não

---

1 "Gender Composition", em Religious Landscape Study, *Pew Research Center*, (disponível em: https://www.pewresearch.org/religion/religious-landscape-study/gender-composition/, acesso em 8 set. 2022).

enfrentam. As disparidades que descobrimos na Parte 2 não são imaginárias. No entanto, a dignidade inerente e o valor intrínseco de uma mulher não são menores do que os de um homem. Nós somos maravilhosamente criadas (Sl 139.14).

Esta não é uma tentativa de alardear poder feminino ou de negar a bondade incomensurável de nossos irmãos. Isso é uma proclamação do que é verdade: a feminilidade é boa. Essa verdade merece ser examinada e expressa, porque, como abordei no capítulo 2, o feminismo de segunda onda declarou que, para serem equivalentes aos homens, as mulheres tinham que ser *idênticas* aos homens. Em vez de se alegrarem com a singularidade das mulheres, o corpo masculino e os papéis masculinos foram considerados a norma. Isso foi um erro de cálculo mortal.

Nós, na igreja, devemos ser a voz mais alta do mundo a reafirmar, de todas as formas, como é bom ser menina. Conhecemos o Deus que nos criou, e sabemos que ele nos fez de forma muito boa. Expressar essa verdade deve ser uma prioridade máxima para nós, pois diz respeito diretamente a mais da metade da igreja.

Por que é bom ser menina? Aqui estão dez respostas para essa pergunta.

Criadas por Deus

A primeira razão pela qual é bom ser menina é porque somos criadas por um Deus bom, belo e verdadeiro. Ele é misericordioso e relacional, e ele se deleita em você e em mim. Por vivermos em uma cultura que insiste que somos feitas por nós mesmas, vale a pena repetir que somos criaturas com um Criador. Realinharmo-nos à verdade de que somos feitas por Deus é uma disciplina espiritual necessária no século XXI.

Sem essa verdade fundamental, todo o resto dá errado. Se você e eu não pudermos admitir a realidade de que nossas vidas têm um autor, e se não pudermos nos alegrar com ela, então nunca prosperaremos plenamente. A vida abundante vem por meio de Jesus, e somente dele (Jo 10.10).

Em seu poema *What is a woman?* [*O que é uma mulher?*], Jackie Hill Perry diz: "Se você me perguntasse: 'O que é uma mulher?' Eu simplesmente diria a você: 'Pergunte a Deus, que a fez.'"[2] Quando procuramos entender quem somos, devemos sempre nos lembrar de que *pertencemos a alguém*.

E o fato de sabermos *de quem* somos é realmente uma boa notícia.

Criadas para refletir a imagem de Deus

A segunda razão pela qual é bom ser menina é porque somos criadas à imagem do nosso bom Deus. Nós somos *imago Dei*, criadas para refleti-lo, para parecermos com ele. Em seu livro *Incomparável*, a professora da Bíblia Jen Wilkin compartilha dez maneiras pelas quais Deus nos chama a refletir seu caráter: "Deus é santo, amoroso, justo, bom, misericordioso, gracioso, fiel, verdadeiro, paciente e sábio."[3] É claro que nunca

---

[2] Jackie Hill Perry, "The Truth about Ourselves", transcrição, *Revive Our Hearts*, September 27, 2018 (disponível em: https://www.reviveourhearts.com/events/truewoman-18/message-3-truth-about-ourselves/transcript/, acesso em 8 set. 2022).

[3] Jen Wilkin, *Incomparável 10 maneiras em que Deus é diferente de nós (e por que isso é algo bom)* (São José dos Campos, SP: Editora Fiel, 2018).

iremos refletir totalmente esses atributos, porque não somos sem pecado, como Deus é.

Mas como diz o ditado: tal pai, tal filha. Nós prosperamos quando andamos segundo seu propósito.

Não há maior fonte de dignidade, alegria ou valor do que ser criada *imago Dei*. O Todo-Poderoso Criador do universo nos fez mulheres para parecermos com ele. Isso foi obra dele, seu projeto, seu bom plano. As mulheres não são ideias posteriores, ou um plano B, ou subprodutos evolutivos. Nosso bom Deus decidiu intencionalmente, sabendo que sua imagem não estava completa apenas em Adão, criar a mim e você.

Criadas para comunidade

A terceira razão pela qual é bom ser menina é porque fomos feitas para comunidade. Depois que o Senhor Deus criou Adão do pó e soprou seu próprio fôlego nas narinas do homem, ele declarou que não era bom Adão estar sozinho. Eva foi feita da costela de Adão, e Deus ordenou que os dois fossem frutíferos e se multiplicassem. Assim como nosso Deus vive em comunidade — a Trindade — ele nos criou para vivermos em comunidade.

Em nossa era autocentrada e ferozmente individualista, é também uma disciplina espiritual necessária lembrar que não fomos criadas para nós mesmas, mas para os outros. A autora Wendy Alsup diz que, a partir das "primeiras palavras de Deus sobre a humanidade, vemos que mesmo na perfeição uma pessoa sozinha não poderia alcançar o bem completo que Deus pretendia para ela. A visão de Deus para o nosso bem é comunal [...]. O desenvolvimento das comunidades é necessário para o desenvolvimento do indivíduo."[4]

Nossa prosperidade depende de vivermos à luz uns dos outros. Essa verdade é o que diferencia o feminismo de primeira onda do feminismo de segunda onda. Na primeira onda, as mulheres estavam preocupadas com o bem-estar da sociedade. Elas enfrentaram múltiplos males: escravidão, condições de trabalho desumanas nos centros urbanos, forte alcoolismo e o abuso muito comum de mulheres e crianças. Elas marcharam pelo voto e para possuir propriedade para que pudessem proteger umas às outras, proteger seus filhos e aumentar a qualidade de vida de todos os que eram marginalizados. Na segunda onda, no entanto, as mulheres protestaram não pelo desenvolvimento comunitário, mas pela autonomia individual. O grito da segunda onda foi *meu* corpo, *minhas* regras.

É bom para as mulheres — e para todos — quando vivemos à luz uns dos outros. Fomos feitas para termos corações compassivos, para mostrar bondade, humildade, mansidão e paciência, e para suportarmos uns aos outros em amor (Cl 3.12-13). Essa é a nossa vocação. Essa é a nossa verdadeira composição como criaturas de Deus.

Criadas com uma vocação singular

A quarta razão pela qual é bom ser menina é porque temos uma vocação singular e atraente. Logo depois que o Senhor disse: "Não é bom que o homem esteja só", ele disse: "far-lhe-ei uma

---

[4] Wendy Alsup, *Is the Bible Good for Women? Seeking Clarity and Confidence through a Jesus-Centered Understanding of Scripture* (Colorado Springs: Multnomah, 2017), p. 85.

auxiliadora que lhe seja idônea" (Gn 2.18). Nossas sensibilidades do século XXI se eriçam imediatamente com a palavra *auxiliadora*. Auxiliadora parece algo tão secundário, como se Adão precisasse de uma assistente — alguém para cuidar das coisas triviais.

A linguagem original e o contexto bíblico da criação de Eva devem moldar como vemos nosso gênero e nosso propósito. A palavra para auxiliadora é *ezer*, na língua hebraica original. *Ezer* aparece vinte e uma vezes no Antigo Testamento, incluindo dezesseis vezes como uma descrição do próprio Deus.[5] Obviamente, nosso Deus não é secundário, nem trivial.

Aqui está apenas uma amostra do uso de *ezer* no Antigo Testamento:

- Feliz és tu, ó Israel! Quem é como tu? Povo salvo pelo Senhor, escudo que te *socorre*, espada que te dá alteza. (Dt 33.29)
- Nossa alma espera no Senhor, nosso *auxílio* e escudo. (Sl 33.20)
- Eu sou pobre e necessitado; ó Deus, apressa-te em valer-me, pois tu és o meu *amparo* e o meu libertador. Senhor, não te detenhas! (Sl 70.5)
- Israel confia no Senhor; ele é o seu *amparo* e o seu escudo. A casa de Arão confia no Senhor; ele é o seu *amparo* e o seu escudo. Confiam no Senhor os que temem o Senhor; ele é o seu *amparo* e o seu escudo. (Sl 115.9-11)

---

5 "'ezer", *Bible Study Tools* (disponível em: https://www.biblestudytools.com/lexicons/hebrew/nas/ezer-2.html, acesso em 8 set. 2022).

- Elevo os olhos para os montes: de onde me virá o *socorro*? O meu *socorro* vem do Senhor, que fez o céu e a terra. (Sl 121.1-2)

Ezer está associado a escudos, espadas, triunfo, salvação, conforto e admiração. Como Alsup aponta: "Deus, Senhor soberano do universo, é nosso auxiliador, e criou a mulher para refletir esse aspecto dele. Se nos apegamos à atitude cultural dominante de que ser um auxiliador é uma identidade abaixo do padrão, zombamos do nome de Deus e de seu caráter. O papel de auxiliador é algo que ele acolhe de bom grado".[6]

Seja em nossas casas, bairros, locais de trabalho, igrejas ou em qualquer outro lugar, devemos ser protetoras, libertadoras, escudos, consoladoras — auxílio para aqueles que Deus colocou conosco. É difícil imaginar uma vocação mais digna ou um papel mais emocionante para nós na criação.

Olhe ao seu redor agora: quem você pode ajudar? Quem precisa da sua proteção e cuidados? Quem você pode defender ou fazer triunfar? Quem você pode confortar? Essa é a sua vocação. Caminhe nela.

Criadas para a redenção

A quinta razão pela qual é bom ser menina é porque somos redimidas. Através da obra de nosso Salvador, "o evangelho [...] *restaura nossa imagem*".[7] Embora a imagem do Senhor em nós tenha sido manchada pela queda, ela é *restaurada* em nós por

---

6 Alsup, *Is the Bible Good for Women?*, p. 48–49.
7 Wilkin, *In His Image*, p. 14.

meio de Jesus. Quando você e eu nos rendemos ao amor e à misericórdia de Jesus Cristo, ele começa a nos transformar de dentro para fora, e nos tornamos uma nova criação (2Co 5.17).

Jesus, nosso salvador e Redentor, abre o caminho para a nossa restauração. Não há maior amor, não há maior misericórdia, não há melhor dádiva. Nós não estamos separadas para sempre do Deus que nos criou. Pelo contrário, Jesus desceu para servir (para auxiliar!) a você e a mim.

Em *What is a woman?*, Hill Perry diz: "Eles dizem: 'Submissão soa como servidão'. Eles dizem: 'Isso soa como algo contra o qual se rebelar'. Eu digo: 'Não é engraçado que ser servo seja repulsivo a todos, menos a Deus?' E nos perguntamos por que não podemos reconhecer seu rosto".[8] Quando nos incomodamos com a ideia de servir e auxiliar, nos incomodamos com o próprio caráter do nosso Deus.

Jesus "não veio para ser servido, mas para servir e dar a sua vida em resgate por muitos" (Mt 20.28). É possível ver sua bondade e coração de servo para com as mulheres em inúmeras histórias. Ele notou uma pobre viúva e fez de sua fé e generosidade um exemplo (Mc 12.41-44). Ele curou uma mulher com deficiência na sinagoga no sábado (Lc 13.10-17). Ele curou várias mulheres com espíritos malignos e enfermidades — incluindo Maria Madalena, Joana, Susana e muitas outras, que por sua vez sustentaram Jesus e seus discípulos com os bens delas mesmas (Lc 8.2-3). Com compaixão, Jesus tocou e curou

---

8 Jackie Hill Perry, "The Truth about Ourselves", transcrição, *Revive Our Hearts*, September 27, 2018 (disponível em: https://www.reviveourhearts.com/events/truewoman-18/message-3-truth-about-ourselves/transcript/, acesso em 8 set. 2022).

a mulher que sofria de uma doença hemorrágica por doze anos, chamando-a de "filha" (Mc 5.34). Ele pegou a menina pela mão e a ressuscitou dos mortos (Mc 5.41). Ele iniciou uma conversa cheia de graça e verdade cruzando linhas étnicas com a adúltera samaritana no poço e ofereceu-lhe água viva (Jo 4.1-30).

O que vemos em Jesus não é apenas o Deus que nos criou e o redentor que nos salva, mas também o mestre gentil e compassivo que nos guia. Como redimidas, cada vez mais *espelhamos a imagem* de Jesus para um mundo que nos observa, servindo aos outros para que possam conhecê-lo também.

Criadas para reconciliar

A sexta razão pela qual é bom ser menina é porque temos uma missão sagrada diante de nós. Estamos naquele ponto da história do *já, mas ainda não*. Cristo já veio e trouxe a redenção, mas ele ainda não voltou; então, aguardamos a restauração. Mas enquanto aguardamos, temos um chamado, uma vocação sagrada.

Neste tempo do já, mas ainda não, Jesus nos ordena: "Ide, portanto, fazei discípulos de todas as nações, batizando-os em nome do Pai, e do Filho, e do Espírito Santo; ensinando-os a guardar todas as coisas que vos tenho ordenado" (Mt 28.19-20). Devemos ser "testemunhas [de Jesus] tanto em Jerusalém como em toda a Judeia e Samaria e até aos confins da terra" (At 1.8). Somos chamadas a sermos embaixadoras de Cristo, rogando aos outros que se reconciliem com o nosso bom Deus (2Co 5.20).

FEMINILIDADE DISTORCIDA

Nós, mulheres, somos tão diversas quanto nosso Deus é criativo. Nossos ministérios variam tanto quanto nossa cor de cabelo, tipo de corpo e preferências de estilo. Mas todas nós devemos amar a Deus e amar os outros *indo e contando*. A vida cristã deve ser uma aventura, uma alegria, um esforço movido pela fé. Sem fé, é impossível agradar a Deus (Hb 11.6).

Ser uma menina ou mulher cristã é ser chamada a ter grande fé e a fazer coisas difíceis. Isso pode acontecer em sua sala de estar ou em uma terra distante — mas, de qualquer maneira, sua vocação está longe de ser indiferente. Onde você está buscando seu ministério de reconciliação? A quem você está falando sobre o amor e a misericórdia de Jesus?

As irmãs antes de nós

A sétima razão pela qual é bom ser menina é porque temos uma infinidade de exemplos de mulheres tementes a Deus, que amavam e honravam Deus e que vieram antes de nós. Suas histórias estão registradas nas Escrituras e nos lembram de que, embora nossas vidas sejam breves, a obra de Deus em nós é eterna.

Somos fios em suas mãos, enquanto ele tece a bela tapeçaria de seu reino ao longo do tempo e do espaço.

Deus trabalha através de todos os tipos de personalidades e circunstâncias. Pense em Eva. Ela foi marcada pela vergonha depois de comer o fruto, mas ainda foi usada por Deus. Ela se tornou a mãe de todos os vivos (Gn 3.20) e recebeu a promessa de que sua descendência acabaria por ferir a cabeça da serpente (Gn 3.15). A história de Eva é uma declaração de que, não obstante o que uma mulher tenha feito, ela permanece preciosa e útil para o Senhor.

Ou temos Sara, que era idosa e estéril, mas ainda assim concebeu e deu à luz Isaque. Ela nos ensina que Deus pode fazer o impossível e nos usar para seus propósitos, mesmo quando não acreditamos ou pensamos que somos fisicamente incapazes (Gn 21). E, mais adiante, no Antigo Testamento, sou movida por Débora, a líder forte e piedosa de Israel (Jz 4); e Jael, a mulher israelita que matou um inimigo, cravando a estaca da tenda na têmpora dele (Jz 4); e Rute, que foi dedicada à sua sogra e se tornou bisavó do rei Davi (Rt 1-4). Eu poderia falar sobre Raabe, Ana, Abigail, Bate-Seba, Ester e muitas outras.

O Novo Testamento nos dá a própria mãe biológica de Jesus, Maria, que disse: "Aqui está a serva do Senhor; que se cumpra em mim conforme a tua palavra" (Lc 1.38). Ana, a profetisa e viúva de oitenta e quatro anos, abençoou o menino Jesus no templo depois de esperar por sua chegada durante muitas décadas enquanto adorava, jejuava e orava dia e noite (Lc 2). Há Tabita, uma mulher cheia de boas obras e atos de caridade (At 9); Maria e Lídia, que apoiaram e hospedaram a igreja primitiva (At 12,16); e tantas outras mulheres listadas nas cartas de Paulo que proclamaram Cristo e serviram à igreja.

Temos muitos exemplos inspiradores de mulheres imperfeitas — muitas em circunstâncias indescritivelmente difíceis — que serviram ao nosso Deus perfeito antes de nós. Que seus nomes se levantem em seu coração com um refrão crescente: *Veja como sempre foi bom ser menina.* Deus nos ama, nos torna suas e nos usa para sua glória e para o bem de seu povo.

FEMINILIDADE DISTORCIDA

As irmãs ao nosso lado

A oitava razão pela qual é bom ser menina é porque existem inúmeras maneiras de sermos *ezer* aqui e agora, para a glória de Deus e para o desenvolvimento de nossas comunidades. Como a longa lista de mulheres acima, cada uma de nós vive em um tempo e lugar únicos, e tudo o que temos e experimentamos, até mesmo o fôlego em nossos pulmões, são dádivas, propositalmente projetadas por Deus (At 17.25-26).

Este é um tempo emocionante para estarmos vivas. Como santas redimidas, aguardamos nosso Salvador. Como mulheres no século XXI, temos acesso a uma infinidade de recursos. Como você vai combinar sua vocação sagrada com tudo o que você tem? Como você administrará os recursos e o lugar em que Deus a colocou, a fim de cuidar de sua criação e proclamar sua bondade? De que maneira específica você vai contar aos outros sobre ele?

Eu sou inspirada e estimulada por muitas amigas. Minha amiga Robin aproveita seu chamado atual como solteira no campo missionário compartilhando Cristo com vizinhos que vêm de todos os cantos do mundo para sua metrópole. Minha amiga Sandra usa a educação e a sabedoria que tem para cuidar de estudantes marginalizados em uma das comunidades mais diversificadas e pobres do país. Minha amiga Kate é uma mãe adotiva com uma família de crianças com necessidades especiais. Kara proclama Cristo em sua função na política estatal. Laurie é uma embaixadora de Jesus ao redor da mesa de sua cozinha, pois ela diariamente conta a seus filhos em idade pré-escolar sobre Jesus. Naomi é uma seguidora de Jesus de origem muçulmana que compartilha incansavelmente o evangelho com sua mãe. Sherry e seu marido são um casal com filhos adultos que abriram um orfanato no exterior. Brenda (minha mãe!) ensina inglês para refugiados recém-chegados. E minha amiga Sarah repete o evangelho várias vezes pela fé para sua mãe, que vive em um lar de idosos.

É bom ser menina, porque não somos chamadas para um estilo de vida ocidental ordinário. Não fomos feitas para a segurança, conforto e facilidade do sonho americano. Tudo o que fazemos, em nome do Senhor Jesus, para a sua glória e o bem dos outros, é uma aventura divina.

Essas mulheres me lembram de que fomos feitas para a vida abundante em Cristo.

As irmãs que vêm depois de nós

A nona razão pela qual é bom ser menina é porque podemos proclamar a bondade de nosso Deus para as meninas que vêm depois de nós. É a nossa voz que vai moldar a próxima geração. Meu marido e eu ouvimos "é uma menina!" três vezes, e adotamos mais uma, perfazendo um total de quatro pequenas mulheres em nossa casa. A piada favorita de Mark é dizer que ele está no ministério de mulheres em tempo integral. Mas, honestamente, ele está. E eu também. E você também, se você conhece alguma garotinha. Uma coisa é *ser* menina. Outra coisa totalmente diferente é criá-las. Nunca quis tanto acertar em algo na minha vida.

FEMINILIDADE DISTORCIDA

Você e eu temos o privilégio de ler as páginas da palavra de Deus e satisfazer nossas almas com um banquete de graça e verdade. Nessas páginas, vemos a grande história de Deus, e encontramos as histórias de outras mulheres tecidas em meio a ela. Também encontramos nossa própria história, bem como as histórias de nossas filhas.

Somos parte de uma linhagem espiritual, a genealogia do povo de Deus. Assim como as mulheres acima que viveram nos tempos da Bíblia, nós e as meninas depois de nós somos gerações na família eterna de Deus.

Vamos prosperar

E, finalmente, a décima razão pela qual é bom ser uma garota é porque nosso Deus garantirá nossa prosperidade. Na Parte 2, analisamos cinco falsas promessas bem-sucedidas de nossa época — cinco promessas que o mundo faz às mulheres sobre quem elas devem ser. Essas promessas, como vimos, não se cumprem. Cada uma tem uma fachada bonita, mas um núcleo podre. Cada uma promete vida, mas deixa terrivelmente a desejar. Quando dependemos delas para sentido, valor e identidade, nós as decepcionamos e elas nos decepcionam.

Todavia, ao longo das Escrituras, vemos uma promessa de que aqueles que pertencem ao Senhor prosperarão. O Salmo 1 nos instrui a não ouvir os ímpios, os pecadores e os escarnecedores (Sl 1.1), mas, em vez disso, em ter nosso prazer em Deus e sua Palavra. Nosso Deus, que habita em nós, fará de você e de mim árvores plantadas junto a correntes de água. Se permanecermos nele, daremos frutos no tempo certo, e nossas folhas não murcharão. Tudo o que fizermos prosperará (Sl 1.2-3).

Na presença de Deus há plenitude de alegria (Sl 16.11), vida abundante e eterna (Jo 10.10-28). Devemos rejeitar as promessas vazias de nossa época e abraçar, em vez disso, o Deus que satisfaz nossas almas sedentas e nos enche com coisas boas (Sl 107.9).

Esta é realmente a melhor história: fomos feitas para muito mais.

Questões para discussão

1. Você teve uma ideia ferina e implícita de que os meninos se dão melhor do que as meninas (quando se trata de Deus, da vida ou de qualquer coisa)? Como a realidade de que há mais mulheres cristãs do que homens afeta seu pensamento?
2. O que você acha da palavra hebraica *ezer*? Leia novamente os versículos do Antigo Testamento na seção "Criadas com uma vocação singular", em que *ezer* descreve Deus. Como essa definição molda sua compreensão de nossa vocação como mulheres? Isso se alinha com o que você aprendeu antes, dentro e fora da igreja? Atualmente, onde você está exercendo sua vocação como uma *ezer*?
3. A vida cristã deve ser uma aventura, uma alegria e um esforço movidos a fé. Sem fé, é impossível agradar a Deus. (Hb 11.6). Há algo que você está fazendo agora que exija fé?
4. Considere as mulheres da Bíblia mencionadas acima, começando com Eva e terminando com todas as mulheres que Paulo menciona em suas cartas. Escolha um par de histórias

favoritas e incentive alguém, dizendo por que você foi atraída por essas mulheres em particular.
5. Nós, mulheres e meninas, fazemos parte de uma linhagem espiritual, a genealogia do povo de Deus. Assim como as mulheres acima que viveram nos tempos bíblicos, nós e as meninas depois de nós somos elos na família eterna de Deus. Como você expressaria essa verdade para uma filha biológica ou espiritual? Que verdades você gostaria que ela soubesse?
6. Encerre lendo o Salmo 1. Ore e peça ao Senhor para ajudá-la a se deliciar com sua Palavra e a não escutar aqueles no mundo que não o conhecem, não conhecem a vontade dele para as mulheres nem o porquê é realmente bom ser menina.

Capítulo 10

Lar

Temos um quadro afixado na parede perto de nossa mesa de jantar que diz: "Sempre, sempre haverá um lugar para você à minha mesa."[1] É um verso de uma canção de Josh Garrels em seu álbum *Home* [Lar]. Na canção, ele reconta a história do filho pródigo, e no refrão o pai acena ao seu filho rebelde para voltar para casa, prometendo um abraço alegre e caloroso, e um lugar à sua mesa.

 Eu mesma fiz o quadro quando voltamos para os Estados Unidos pela primeira vez depois de muitos anos no exterior. Meses antes, o álbum de Garrels tocava sem parar enquanto nossa família dirigia de Budapeste, passando por Bratislava até Brno, na República Tcheca, que era nosso "lar" na época. Um querido e jovem amigo na Califórnia estava morrendo de câncer, e estávamos correndo de uma conferência para o aeroporto, a fim de chegarmos para o seu funeral, que meu marido conduziria. Ao mesmo tempo, suspeitávamos que nossa viagem "para casa" seria uma mudança semipermanente, porque meu pai, que estava com Alzheimer e demência, precisava de nossos cuidados. O álbum *Home*, cheio de alma, se tornou a trilha sonora de nossas vidas.

---

1 Josh Garrels, "At the Table", álbum *Home*, Mason Jar Music e Josh Garrels, 2015.

Lar, para onde Drew iria depois de sua batalha contra o câncer. *Lar*, onde meu pai morava e precisava de mim. *Lar*, na Europa na época, mas na Ásia por muitos anos antes disso, e nos Estados Unidos em seguida.

Lar. Pode ser algo evasivo.

O quadro ajuda todos nós, os Oshman, a lembrar que o *lar* é à mesa do nosso Pai. Ele nos convida a entrar, incondicionalmente, alegremente e sempre. O quadro me desafia a seguir os passos do meu Pai, a estar sempre pronta para que alguém se sente à nossa mesa. Quero que as minhas filhas saibam que os seus pais terrenos, assim como o seu Pai que está nos céus, terão sempre, sempre, um lugar para elas à mesa. Quero que todos que entram em nossa casa saibam que têm um lugar aqui.

Quero lembrar que *lar* é onde meu Pai está.

Ao oriente do Éden

Nós, humanos, temos procurado e ansiado pelo lar desde que nossos primeiros pais tiveram que deixar o jardim do Éden. Quando Adão e Eva desobedeceram ao Senhor: "o Senhor Deus, por isso, o lançou fora do jardim do Éden, a fim de lavrar a terra de que fora tomado. E, expulso o homem, colocou querubins ao oriente do jardim do Éden e o refulgir de uma espada que se revolvia, para guardar o caminho da árvore da vida" (Gn 3.23–24).

Estamos ao oriente do Éden desde então. Longe de casa e tentando voltar.

No capítulo 1, vimos duas histórias que tendem a passar na cabeça de todos. As duas histórias falam do nosso desejo de ir para casa, de paz, de saber (lá no fundo) que você está exatamente onde deveria estar.

A primeira história é proclamada em voz alta em toda a cultura popular. É a narrativa de anúncios, filmes e músicas, influenciadores das mídias sociais e, até mesmo, das leis de nossa terra. A primeira história diz que você é o centro do universo e que você pode ser incrível. Você só precisa fazer acontecer.

Essa primeira história é a que vende as falsificações. Fomos condicionadas e convencidas a pensar que nossa vida vale menos se não formos bonitas ou capazes o suficiente, ou que a satisfação profunda da alma virá por meio de ser *sexy* ou de apenas ter mais um encontro sexual. Essa primeira história diz que você e eu devemos ter a escolha de eliminar nossos bebês se eles não fazem parte do nosso plano, ou de ser de um gênero diferente, ou de buscar a paz nos braços de outro amante. A primeira história diz que você encontrará satisfação assim que se casar, ou se tornar mãe, ou o que for. A primeira história nos implora para nos tornarmos qualquer imagem que desejarmos. Ela nos convence de que a boa vida é a culminância de tomarmos a série certa de decisões na vida.

Essas decisões geralmente seguem uma de duas direções, e vemos ambas na história do filho pródigo e de seu irmão mais velho. Na primeira, a licenciosidade; na segunda, o legalismo. O irmão pródigo pega o dinheiro do pai e corre para um país distante, procurando viver algo incrível por meio da vida dissoluta. O irmão mais velho fica em casa, na propriedade de seu pai, e vive moral e cuidadosamente, buscando a boa vida através de estrita obediência. Como vimos no capítulo 8, ambos os irmãos queriam as dádivas do pai, mas não o pai. Nenhum dos dois queria o amor e a companhia do pai. Em vez disso, ambos perseguiram sua própria visão de boa vida e, em ambos os casos, falharam. A vida dissoluta do irmão mais novo o levou à ruína. E o orgulho do irmão mais velho em sua própria perfeição o levou para o mesmo caminho.

Penso que a maioria de nós pode se ver em ambos os irmãos — talvez em um mais do que no outro. Olhando para minha própria vida, posso ver muito tanto de licenciosidade quanto do legalismo. Às vezes, no espaço de um único dia, coloco a esperança no pecado para me libertar e, em seguida, coloco a esperança em meus próprios bons esforços. Acreditando na primeira história — *eu posso ser incrível, só tenho que fazer acontecer* — eu posso oscilar de um extremo ao outro em apenas alguns minutos: do "deixe tudo para lá" para o "faça tudo certo".

Mas há essa segunda história em nossas mentes também. É o sussurro silencioso que nos chama para casa. Essa segunda história insiste que deve haver mais nesta vida, mas muitas vezes a silenciamos com nosso ritmo frenético. Perseguindo a primeira história, silenciamos a segunda. Até um dia, quando não conseguimos mais fugir. Esgotadas, caímos na realidade num país distante ou chegamos à conclusão de que não importa quantas escolhas perfeitas façamos, elas simplesmente não satisfazem.

Nem perseguir a vida ligeira da carne nem perseguir nossa própria perfeição orgulhosa proporcionam a paz profunda para a qual fomos feitas. O irmão mais novo acordou faminto, exausto e carente. O irmão mais velho partiu para uma raiva feroz e mimada. Ambos os irmãos se depararam com a verdade de que *deve haver mais nesta vida.*

Atualmente, muitas vezes chamamos isso de *burnout* — é chegar ao fim de nós mesmas. É quando chegamos ao fundo do poço, esgotadas por viver a vida do nosso jeito, nos nossos próprios termos. O *burnout* é doloroso, com certeza. Mas é um presente da graça. É o primeiro passo da nossa jornada para casa. Chega de confiar nas promessas vazias da nossa época. Chega de nos entregarmos a identidades falsas ou a uma vida autossuficiente. Nós balançamos nossas bandeiras brancas e nos rendemos ao bom Deus que nos criou e morreu para nos salvar.

O pai corre até seu filho perdido

Derrotado pela pobreza, fome e alienação em um país distante, o filho pródigo finalmente cai em si e elabora um plano. Ele tem certeza de que não pode entrar novamente em sua propriedade familiar como filho. Esses direitos foram perdidos para sempre. Mas ser um servo contratado de seu pai seria um destino melhor do que desejar comida de porcos. Ele decide ir para casa e dizer: "Já não sou digno de ser chamado teu filho; trata-me como um dos teus trabalhadores" (Lc 15.19). Na mente do filho, ele pode, pelo menos, pagar ao pai para ser alimentado e abrigado novamente.

Talvez você se veja assim, despertando para a verdade de que valorizou sua aparência externa acima do coração, ou envergonhada de seu pecado sexual, seu aborto ou sua atração por pessoas do mesmo sexo. Você está se perguntando como pode conseguir consertar a si mesma para, finalmente, poder voltar para casa. Saiba disto: nosso Deus a ama e observa atentamente, apenas esperando que se volte para ele.

Você pode ir para casa agora mesmo.

"Vinha ele ainda longe, quando seu pai o avistou" (Lc 15.20). O pai estava observando, apertando os olhos rotineiramente para a estrada distante e na direção em que seu filho havia saído meses, ou talvez até anos, antes. Ele nunca deixou de observar e esperar o retorno de seu filho — esse, que essencialmente desejou a morte do pai ao solicitar prematuramente sua herança antes de partir para sua fatídica jornada.

"Seu pai o avistou, e, compadecido dele, correndo, o abraçou, e beijou" (Lc 15.20). Essa cena é tocante para nós no século XXI, mas para os antigos ouvidos do Oriente Médio teria sido absolutamente escandalosa. Os ouvintes esperariam ouvir sobre a rejeição veemente e talvez violenta do pai para com seu filho rebelde. O filho deveria suportar extrema humilhação enquanto caminhava pela aldeia de volta para casa, porque todos teriam conhecido seus erros mortificantes quando ele partiu. Mas, movido pela compaixão, o pai corre para fora e *toma sobre si a humilhação devida ao filho pródigo*.

Kenneth Bailey é um conhecido autor e especialista em Novo Testamento e Oriente Médio, tendo vivido lá por quarenta anos. Em seu livro *The cross and the prodigal* [A cruz e o pródigo], ele diz que o verbo *correr* usado por Lucas é o termo usado para corridas.[2] O pai não vai trotando até seu filho; ele dispara. Bailey diz: "No Oriente Médio, um homem de sua idade e posição *sempre* caminha de maneira lenta e digna [...]. Mas agora o pai corre pela estrada. Para fazer isso, ele deve levar a borda frontal de suas vestes na mão como um adolescente [...], suas pernas aparecem no que é considerado uma postura humilhante. Tudo isso é dolorosamente vergonhoso para ele".[3]

Não é essa uma figura de Emanuel, Deus conosco? Essa é a encarnação em exposição. O pai de bom grado deixou sua honra, sua riqueza e sua segurança e se humilhou para correr até seu filho. Essa é a mesma humilhação voluntária que vemos em Jesus em Filipenses 2.5-8:

> Pois ele, subsistindo em forma de Deus, não julgou como usurpação o ser igual a Deus; antes, a si mesmo se esvaziou, assumindo a forma de servo, tornando-se em semelhança de homens; e, reconhecido em figura humana, a si mesmo se humilhou, tornando-se obediente até à morte e morte de cruz.

O filho pródigo começa a dizer a seu pai: "Pai, pequei contra o céu e diante de ti; já não sou digno de ser chamado teu filho" (Lc 15.21). Mas antes que ele prossiga com seu plano anterior de se tornar um servo contratado, o pai começa a dizer a seus servos para preparar uma festa luxuosa. Ele diz: "Porque

---

[2] Kenneth E. Bailey, *The Cross and the Prodigal: Luke 15 through the Eyes of Middle Eastern Peasants* (Downers Grove, IL: InterVarsity Press, 2005), p. 67.
[3] Bailey, *The Cross and the Prodigal*, p. 67.

FEMINILIDADE DISTORCIDA

este meu filho estava morto e reviveu, estava perdido e foi achado. E começaram a regozijar-se" (Lc 15.24).

O pai sabe que não há como o filho compensá-lo. Ele nunca poderá conquistar um lugar de volta em sua casa. Tanto o pai quanto o filho estão bem cientes de que ele merecia ser renegado, rejeitado e expulso para sempre. A compaixão e a bondade do pai levam ao quebrantamento do filho e ao arrependimento genuíno. O filho entende que nenhum plano que ele inventar pode dar um jeito de consertar a divisão.

E o pai não diz: "Vá se lavar e conversaremos". Em seu amor ilimitado e misericórdia incomparável, o pai veste o filho com seu melhor traje — ele cobre seu filho com sua própria justiça. O nome do filho é restaurado com o anel do pai. Seus pés órfãos e descalços são cobertos por sandálias. O pai restabelece a posição do filho na comunidade, convidando todos a virem celebrar seu retorno. O filho é totalmente indigno dessa demonstração pública de honra e amor. Mas ele a recebe mesmo assim, porque seu pai é extremamente bom, gentil e disposto a se envergonhar, a fim de que ele e seu filho possam se reconciliar. É graça irresistível.

O filho pródigo agora é livre para se relacionar com o pai como um filho muito amado. Ele não tem que partir de um lugar de medo ou preocupação de ser expulso ou nunca estar à altura. Ele não precisa impressionar seu pai ou vizinhos para recuperar sua posição. Ele foi totalmente reconciliado e agora pode ser movido apenas por amor e gratidão. Não há como você ou eu retribuirmos ao nosso Pai. Não há nada que possamos fazer para que ele nos ame mais ou nos ame menos. Seu amor e perdão são completos e incondicionais. Que sua bondade nos leve ao arrependimento.

O pai suplica ao irmão mais velho

Compreensivelmente, o irmão mais velho está com raiva. Se você tem um irmão ou já esteve em uma sala de aula com um colega rebelde, conhece a sensação. *Droga. Esse cara! Eu sigo as regras perfeitamente, mas ele estraga tudo para todos. Que tolo.* Não é difícil entender como o ódio cresce, porque todos nós sentimos essas sementes uma vez ou outra. Nenhum de nós é imune a pensar que somos pessoas melhores, mais merecedoras.

Bailey nos dá uma pista de que, mesmo antes do filho pródigo partir para o país distante, não estava tudo bem entre o irmão mais velho e o pai, nem entre os irmãos. Não percebemos esses detalhes em nosso contexto ocidental, mas Bailey diz que seria óbvio no Oriente que o irmão mais velho era obrigado a ser um mediador entre o irmão mais novo e seu pai. No entanto, "ele se recusa a cumprir a responsabilidade sagrada que o costume da aldeia coloca em seus ombros. Claramente, por alguma razão, ele não quer que a reconciliação ocorra [...], a recusa é uma indicação clara de sua relação quebrada com seu pai."[4]

Quando o irmão mais velho ouve a feliz celebração que está acontecendo, ele volta dos campos e pergunta aos servos o que está acontecendo. Eles lhe dizem: "Veio teu irmão, e teu pai mandou matar o novilho cevado, porque o recuperou com

---
[4] Bailey, *The Cross and the Prodigal*, p. 45.

FEMINILIDADE DISTORCIDA

saúde" (Lc 15.27). Em sua raiva, o irmão mais velho se recusa a entrar para a festa. Novamente, nosso entendimento ocidental deixa a desejar. Mas, no Oriente, "os membros masculinos da família devem vir e apertar a mão dos convidados [...]. O não cumprimento dessa cortesia é um insulto pessoal aos convidados e ao pai, como anfitrião".[5] A recusa do irmão mais velho em entrar é um ato flagrante e público de rebelião contra seu pai. Os aldeões veem isso acontecer e entendem que o filho mais velho está disposto a romper seu relacionamento com o pai. Para nós, pode parecer uma mera birra em um canto, mas para eles isso mereceria disciplina pesada e rápida ou a rejeição do pai.

Em vez disso, mais uma vez, vemos a compaixão ilimitada do pai. Pela segunda vez naquele dia, ele sai até um filho rebelde. Pela segunda vez naquele dia, ele toma sobre si a vergonha pública e a humilhação devidas ao seu filho, a fim de se reconciliar com ele. O pai paga o preço. Ele suplica em vez de rejeitar (Lc 15.28).

Diante da infinita misericórdia e amor, o filho fica amargurado e enfurecido. "Há tantos anos que te sirvo sem jamais transgredir uma ordem tua, e nunca me deste um cabrito sequer para alegrar-me com os meus amigos; vindo, porém, esse teu filho, que desperdiçou os teus bens com meretrizes, tu mandaste matar para ele o novilho cevado" (Lc 15.29-30). Seu foco está em seu trabalho para o pai. Ele não se vê como um filho, mas como um trabalhador, ganhando seu salário. Seu foco está na lei — ele está anotando o placar e, em sua estimativa,

---

[5] Bailey, *The Cross and the Prodigal*, p. 82.

sua perfeição não lhe valeu nada, enquanto o mau comportamento de seu irmão valeu a ele tudo. Vemos claramente que as motivações do irmão mais velho eram autocentradas o tempo todo. Ele nunca foi motivado pelo amor ao pai.

Talvez você se veja aqui, irritada e amargurada, porque fez todas as coisas e todas as escolhas certas. Você permaneceu pura. Você se casou com um homem na igreja. Você deu à luz aqueles bebês com todos os resultados esperados que seu bom comportamento justificaria. Ou você se comportou assim, e nada deu certo. Sem casamento, sem maternidade, nenhuma das bênçãos que você estava esperando. Seu coração clama ao Senhor: *Eu te servi todos esses anos, e o que me deste?*

Lembre-se, o público de Jesus para essa história são os fariseus, que creem que a bênção e a salvação vinham através da obediência às Escrituras. Ele está falando com uma multidão de irmãos mais velhos, e podemos ter certeza de que eles estão bem cientes de que Jesus queria que eles se enxergassem aqui. Jesus lhes suplica quando dá voz ao pai: "Meu filho, tu sempre estás comigo; tudo o que é meu é teu" (Lc 15.31). Identificando-se com o pai, Jesus convida-os a arrependerem-se e a receberem todas as suas boas dádivas que sempre teve e sempre quis derramar sobre eles. Nosso Salvador estende a graça até mesmo aos mais religiosos e aos mais morais. Eles também precisam. Se você, como os fariseus, acreditou que a salvação vem através de sua obediência, o Pai diz agora para você também: *Tudo o que é meu é seu. Venha até mim.*

FEMINILIDADE DISTORCIDA

O verdadeiro irmão mais velho

Os fariseus, ouvindo, sabiam que o irmão mais velho nessa história falhara em seu chamado para cuidar de seu irmão mais novo. Eles sabiam que ele deveria ter se envolvido desde o início — implorando ao filho pródigo para não sair, fazendo tudo ao seu alcance para trazê-lo para casa e restaurá-lo à família. Eles estão bem conscientes de que os irmãos mais velhos são, de fato, obrigados a ser guardiões de seus irmãos (Gn 4.9).

Jesus não apenas quer que os fariseus vejam que a esperança em sua própria justiça levará a um amargo beco sem saída, mas também quer que eles se perguntem por que o irmão mais velho não cumpriu adequadamente essa parte de seu papel. Tim Keller diz: "Ao colocar um irmão mais velho com falhas na história, Jesus está nos convidando a imaginar e ansiar por um verdadeiro".[6]

E temos um verdadeiro irmão mais velho. Ele é Jesus. Ele é nosso mediador (1Tm 2.5). Ele não tem vergonha de chamar você e a mim de irmãos e irmãs (Hb 2.11). Ele é o primogênito entre nós (Rm 8.29). Jesus é nosso verdadeiro irmão mais velho.

Jesus não foi apenas para um país distante a fim de nos buscar. Ele deixou o céu, se fez carne e andou nesta terra em uma missão de busca e resgate. E isso lhe custou tudo. Jesus tomou sobre si o preço da nossa reconciliação e pagou o nosso caminho com a sua vida. Ele suportou a humilhação pública que merecemos. Ele foi exposto nu, despojado de dignidade,

---

[6] Timothy Keller, *Prodigal God: Recovering the Heart of the Christian Faith* (New York: Dutton, 2008), p. 84 [em português: *O Deus pródigo: recuperando a essência da fé cristã* (São Paulo: Vida Nova, 2019)].

estatura e roupas. Ele nos envolveu em suas próprias vestes de salvação e justiça (Is 61.10).

Oh, que Salvador. Oh, que Rei. Nosso irmão mais velho é bom além de nossa imaginação mais incrível.

Jesus viu nosso estado desesperador e desceu. Se somos mais como o pródigo ou mais como o irmão mais velho — se buscamos significado, importância e identidade na vida dissoluta ou em nosso próprio comportamento justo — Jesus vê e intervém. Ele não tem vergonha de nós, mas corre em nossa direção e nos reconcilia com o Pai por meio da cruz.

O que quer que você tenha feito, onde quer que tenha ido, Jesus está pronto para perdoá-la quando você o recebe. Ele já pagou o preço total para trazê-la para casa. "Agora, pois, já nenhuma condenação há para os que estão em Cristo Jesus" (Rm 8.1).

A vida dele pela sua morte. A cruz é suficiente. "Se, pois, o Filho vos libertar, verdadeiramente sereis livres" (Jo 8.36).

Por causa de nosso bom irmão mais velho, somos filhas e filhos adotivos (Gl 4.5). Podemos dizer "Aba, Pai" ao nosso Deus no céu (Gl 4.6). Não somos mais escravos, mas filhos, herdeiros através de Jesus (Gl 4.7). Não temos mais que procurar a boa vida na vida dissoluta ou em nosso próprio bom comportamento. Nossos esforços falham, mas os de Jesus não. Ao contemplarmos nosso Salvador, as correntes de ambos os modos de vida são soltas. Ao contemplarmos sua bondade, nos libertamos das promessas vazias de nossos dias. Irmãos e irmãs, podemos descansar na obra consumada de nosso verdadeiro irmão mais velho, Jesus. Nele, temos muito mais.

FEMINILIDADE DISTORCIDA

Tudo o que fora perdido foi encontrado

Quando nossos primeiros pais tiveram que deixar o Éden, todos nós perdemos muito. Em nosso estado pecaminoso, temos procurado e ansiado por nosso lar desde então. É a experiência humana. Sabemos que somos exilados. Todos sabemos que deve haver mais nesta vida. Temos certeza de que fomos feitos para mais.

Apenas em nossa própria geração, muita coisa foi perdida. Penso no caos causado desde a Revolução Sexual. A *imago Dei* foi desconsiderada — os humanos feitos à imagem de Deus e para seus bons propósitos foram usados e deixados de lado. Crianças foram sacrificadas. As famílias se desintegraram. Os pais foram embora. As criaturas de Deus abusaram umas das outras. Exploramos um ao outro por ganhos egoístas.

A imagem de Deus em nós sussurra: *Sim, você foi feita para mais*. Mulheres que não sabem que têm um bom irmão mais velho vestem capas vermelhas e chapéus brancos e marcham, buscando mais, ansiando por um tratamento melhor. Há uma consciência entre nós no Ocidente de que mulheres e meninas merecem algo melhor. Não podemos escapar da nossa herança cristã. A bondade do único Deus verdadeiro para com as mulheres nos moldou. Por causa do legado de Jesus Cristo, sabemos que a vida abundante deve estar por aí em algum lugar.

E está. O Senhor Deus, lá do alto, ainda está levando todos os seus filhos para casa. Jesus veio buscar e salvar os

Lar

perdidos, e está reconciliando "consigo mesmo todas as coisas, quer sobre a terra, quer nos céus" (Cl 1.20). Jesus deseja a renovação e restauração de sua criação. Ele deseja "o fim da doença, da pobreza, da injustiça, da violência, do sofrimento e da morte. O clímax da história é [...] um banquete".[7] O céu nos aguarda, e não é entediante. É a maior celebração de todos os tempos, e haverá "música e dança" (Lc 15.25), assim como o irmão mais velho ouviu.

Enquanto esperamos o céu, somos convidadas a provar e ver que o Senhor é bom (Sl 34.8). Enquanto aguardamos o banquete do Cordeiro, Jesus diz: *permaneça em mim* (Jo 15.4), *venha a mim* (Mt 11.28), *todas as coisas são possíveis por meio de mim* (Mt 19.26).

Quando Jesus começou seu ministério na terra, ele entrou na sinagoga e leu as palavras do profeta Isaías:

> O Espírito do Senhor está sobre mim, pelo que me ungiu para evangelizar os pobres; enviou-me para proclamar libertação aos cativos e restauração da vista aos cegos, para pôr em liberdade os oprimidos, e apregoar o ano aceitável do Senhor. (Lc 4.18-19)

Por meio de Jesus, temos *muito mais* do que jamais poderíamos ter sonhado, muito mais do que merecemos.

Lar é uma pessoa. O nome dele é Jesus.

---

[7] Keller, *Prodigal God*, p. 110-111.

FEMINILIDADE DISTORCIDA

O bem-estar humano requer harmonia com a realidade. Ao oriente do Éden, temos procurado e lutado por significado e importância. Como o filho pródigo, nós os procuramos em um país distante: beleza e habilidade externas, sexo barato, aborto e mudança de identidade no espectro LGBTQIA+. Mas fomos deixadas famintas, exaustas e desabrigadas por essas promessas vazias de nossa época. Como o irmão mais velho, buscamos identidade e paz através do comportamento correto, exaltando as boas dádivas do casamento e da maternidade muito além de seu lugar legítimo. Essas promessas vazias nos deixaram com raiva, desapontadas e insatisfeitas, porque não cumpriram o que disseram que fariam. Perdemos a harmonia, porque rejeitamos a realidade.

O que é real é que temos um bom Deus, e ele está pronto para curar. O rei Davi disse bem: "Muitas serão as penas dos que trocam o Senhor por outros deuses" (Sl 16.4). Mas no Senhor "é mui linda a minha herança" (Sl 16.6). É o nosso Deus no céu que nos dá a conhecer os caminhos da vida. Na sua presença há plenitude de alegria. É ele quem nos dá prazeres para sempre (Sl 16.11).

Vamos para casa, amigas. A vida deveria ser muito mais. Um banquete nos aguarda. Haverá sempre, sempre um lugar para nós à mesa de nosso Pai.

Questões para discussão

1. Comece relendo a parábola do filho pródigo (Lc 15.11-32). De que maneiras você se identifica com o filho pródigo e de que maneiras se identifica com o irmão mais velho?

Agora que você passou dez capítulos pensando nos dois irmãos e em suas diferentes abordagens sobre a vida, como você os vê de forma diferente do que quando começou este livro?

2. Reflita sobre a vigilância do pai, sua corrida e abraço ao filho pródigo quando esse voltou para casa. Reflita sobre como o filho pensou em um plano para recuperar seu lugar na propriedade, mas nunca teve a chance de verbalizá-lo. Liste todas as maneiras pelas quais o pai derramou amor sobre o filho pródigo. Como a bondade e a graça de Deus para com sua licenciosidade levam você pessoalmente ao arrependimento?

3. Agora passe suas reflexões para como o pai respondeu ao filho mais velho. Reflita sobre a resposta do irmão mais velho ao banquete. Alguma vez você já se sentiu assim? Pense em como o pai lhe suplicou, em vez de rejeitá-lo. Liste todas as maneiras como o pai derramou seu amor sobre o filho mais velho. Como a bondade e a graça de Deus para com seu legalismo levam você pessoalmente ao arrependimento?

4. O pai diz ao filho: "Tudo o que é meu é teu" (Lc 15.31). O que isso significa para você, como uma filha de seu Pai no céu? O que, exatamente, é seu?

5. Leia Romanos 8.29, 1 Timóteo 2.5 e Hebreus 2.11. O que significa dizer que Jesus é nosso irmão e mediador? Por que precisamos de um verdadeiro irmão mais velho e mediador? Como ele faz a mediação por nós? O que você acha do fato de ele dizer que não tem vergonha de nos chamar irmãos e irmãs?

6. Conclua lendo o Salmo 16. Ore e louve a Deus por sua bela herança. Peça ao seu Pai celestial que lhe mostre o caminho da vida e transmita a plenitude de alegria que vem por meio de um relacionamento com ele somente.

O Ministério Fiel visa apoiar a igreja de Deus, fornecendo conteúdo fiel às Escrituras através de conferências, cursos teológicos, literatura, ministério Adote um Pastor e conteúdo online gratuito.

Disponibilizamos em nosso site centenas de recursos, como vídeos de pregações e conferências, artigos, e-books, audiolivros, blog e muito mais. Lá também é possível assinar nosso informativo e se tornar parte da comunidade Fiel, recebendo acesso a esses e outros materiais, além de promoções exclusivas.

Visite nosso site

www.ministeriofiel.com.br

Esta obra foi composta em AJenson Pro Regular 11.8, e impressa
na Promove Artes Gráficas sobre o papel Pólen Natural 80g/m²,
para Editora Fiel, em Janeiro de 2023.